# 目次

歴史文化ライブラリー
258

# 大飢饉、
# 室町社会を襲う!

清水克行

吉川弘文館

# いま、飢饉を考える――プロローグ

## 苦悩する一休

おそらく、現在、日本人に最も名前の知られている室町時代人は、〝一休とんち話〟で有名な一休宗純《いっきゅうそうじゅん》（一三九四～一四八一）ではないだろうか。〝とんち小僧〟のエピソードは後世の創作によるものだとしても、実在の一休もドクロの杖を持って正月の京の町をねり歩いたり、森侍者《しんじしゃ》という女性との赤裸々な情交を詩に詠んだり、とかく破天荒な逸話にことかかない人物である。

そんな彼も二〇代半ばまでは、煩悩《ぼんのう》をかかえながら悶々《もんもん》と修行の日々を送る一人の若き禅僧にすぎなかった。それが大きく転回することになったのが、応永《おうえい》二七年（一四二〇）の夏の一夜の出来事だった。当時二七歳であった彼は近江《おうみ》国堅田《かたた》（滋賀県大津《おおつ》市）の湖畔に浮かべた小船のうえで、カラスの鳴き声をきっかけに豁然《かつぜん》として悟りの境地にいたる。

闇夜のなか、小船のまえに広がる琵琶湖《びわこ》の暗い湖面に響きわたるカラスの一声を聞いたとき、一休はいっさいの虚飾を捨て、悟りの境地を手に入れたのだという。以後、彼は〝風狂と破戒の人〟として乱世のなかで独自の道を歩んでゆくことになる。〝風狂人〟一休宗純の誕生、である。

　このとき、なぜ一休はカラスの鳴き声を聞いて悟りを得たのか、また、彼の到達した悟りの境地がいかなるものであったのか、もちろん私には知るよしもない。ただ、歴史研究者の立場から見たとき、彼が大悟した応永二七年の夏というのは、ほかならぬ室町社会にとって最大規模の「危機」のときであったことに思いがいたる。この年、応永二七年という年は、室町時代において寛正《かんしょう》元～二年（一四六〇～六一）の寛正の大飢饉と並ぶ大飢饉、応永の大飢饉の起きた年だったのである。本書では、一休もその人生の節目で遭遇した、この応永の大飢饉を主題にして、その前後数年間の出来事をドキュメンタリー風に追いかけてみたいと思う。

　おりしも室町幕府は、四代将軍足利義持《よしもち》（一三八六～一四二八）の治世――。この時期は、三代将軍義満《よしみつ》（一三五八～一四〇八）が南北朝内乱を克服するなかで築きあげた室町幕府の基盤はさらに確固としたものとなり、目立った戦乱なども見られない、室町時代を通じても最高の政治的安定期だった。また政治の安定にともなって、経済構造の基本であった荘園《しょうえん》制もこの時期に再編成が進み、武家勢力と公家・寺社とのパワーバランスが維持されることで、在京する荘園領主たちもとりあえず安定的な収入がふたたび保障されるようになっていた。応永の大飢饉は、そうした日本中世史上でも希有な相対的安定期にいた人々を一気に恐怖の底に陥れた衝撃的な大災害だったのである。このとき、地方の荘園では餓死者があいつぎ、田畠は荒廃。一方で都は難民であふれかえり、行き倒れた人々の死臭が市街に充満。やがては、それに追い討ちをかけるように疫病《えきびょう》が蔓延し、一般庶民のみならず、名のある公家たちまでもが次々と命を落としていった。そんな目を覆わんばかりの修羅場が、応永二七年から二八年にかけて、じつに足かけ二年も続いた。

この深刻な大災害が、このとき青年一休の精神の遍歴になんの影響もあたえなかったとは思えない。事実、ほかならぬ一休が小船を浮かべていた琵琶湖ですら、当時、旱魃《かんばつ》の影響で湖面が三町（約三〇〇メートル）も干上がってしまっていた（『立川寺年代記《りゅうせんじねんだいき》』）。青年僧一休がいかに観念の世界に没入しようとしていたとしても、旱魃の現実と大飢饉の不安は、彼の身辺に確実に降りかかっていたのである。いや、むしろ一休の思考自体、そうした迫り来る破滅の予感に苛《さいな》まれるなかで鍛えられ、人間存在の本質にまでたどりついたというべきかもしれない。だとすれば、応永の大飢饉という大災害は、一休の思想形成を考えるとき、決して無視できない重い意味をもっていたことになる。

## 筆を握る世阿弥

そしてまた、もう一人、ここにも未曾有《みぞう》の大飢饉の前後、自身の思想を確立し、その後の日本文化史に巨大な足跡を残した室町人がいた。能楽の大成者として名高い、世阿弥元清《ぜあみもときよ》（一三六三～一四四三）、その人である。彼は、これ以前、代表作『風姿花伝《ふうしかでん》』を執筆し、すでにその円熟した才能を発揮していた。しかし、この大飢饉に前後して、突如として猛烈な執筆活動にとりかかる。まずは五六歳の応永二五年に能理論書『花習《かしゅう》』を著したことにはじまり、同二六年には音曲論『音曲声出口伝《おんぎょくこわだしくでん》』、同二七年には習道論『至花道《しかどう》』、同二八年には演技論『二曲三体人形図《にきょくさんたいにんぎょうず》』、同三〇年には作能論『三道《さんどう》』、三一年には世阿弥能楽論の極致ともされる『花鏡《かきょう》』と、まるで何かに追い立てられるかのように、彼はこの時期に矢つぎばやに芸術理論に関する著作を書きのこしている。

彼の人生を通してみても、ここまで毎年のように連続して著作を書き記しているのは、この時期以外にない。通説では、この時期の世阿弥の多作ぶりは、最大のパトロンであった足利義満に死なれて、次の義持から冷遇されはじめたことによる焦りが背景にあったとされているらしい。しかし、義満が死んだのはすでに一〇年も前のことである。やはり、ここでの彼のとりつかれたような執筆活動の背景にも、史上類を見ない大飢饉の影響があったのではないだろうか。

だとすれば、一休にせよ世阿弥にせよ、室町時代を代表する思想家たちは、いずれも大飢饉の体験を経ることで、自らの思索を宗教・芸術へと昇華《しょうか》させたといえるかもしれない。そう考えたとき、飢饉や飢餓の問題は、たんなる社会経済史分野の問題にとどまらず、室町時代の精神や室町文化の真髄を理解するうえでも、きわめて重要な要素であったことに、私たちは気づかされる（ちなみに、あの水墨画の巨人、雪舟等楊《せっしゅうとうよう》（一四二〇〜一五〇六？）が生まれたのも、奇遇なことに応永二七年である）。いってみれば、日本の伝統文化の〝光〟は、大飢饉という〝闇〟からこそ生まれ出たものなのである。

## 現代飽食事情

ところで、翻って考えてみたとき、現代の私たちの生活はどうだろうか。いまや日本経済は長い不況を脱し、ふたたびかつての繁栄を取り戻しつつあるとされる。なかには〝バブル景気の再来〟という声まで聞かれる。そのなかで経済格差の拡大という問題も深刻ではあるが、およそいまの私たちの生活は〝飢饉〟や〝飢餓〟とは程遠いところにあることはまちがいない。その意味で、現代の日本文化には〝光〟ばかりで〝闇〟がないように思える。いや、正しくは、〝光〟の輝きばかりに眼が奪われて、その基底にあるはずの〝闇〟に眼が届かなくなってしまっている、というべきかもしれない。

たとえば〝飢餓〟ということ一つをとってみても、私も含めて現代の日本人のなかで

「食べ物が食べられないひもじさ」というものを実体験として知っている人はほとんどいないのではないだろうか。もちろん現代でも、過激なダイエットの一環として絶食や節食を体験した人のなかには、言葉にあらわせないほどの「空腹のつらさ」を実感したという人もあるかもしれない。しかし、これなどは肥満などを警戒して「食べられるのに食べない」のであって、経済的に貧しくて「食べたくても食べられない」というのとは、まるで違う話である。「いかに食べるか」(栄養補給)よりも「いかに食べないか」(ダイエット)が最大の課題となっている奇妙な時代——。それを考えれば、いまの私たちの生活は、室町時代の人々からすれば想像を絶する豊かさのなかにあるといっていいだろう。

実際、私自身も友人や学生たちと居酒屋などで飲み食いする機会が多いのだが、宴席の参加人数が多ければ多いほど、そこで食べ残される食物の多さに、ときおり暗澹《あんたん》とした気分にさせられる。よくいわれるように、六〇%超の食糧を外国から輸入しながらも、三〇%超を食べ残して捨ててしまっているというのが、この国の現実なのである。もちろん、学生と同席したときなどは、せめて「教員」として、皿の上のものをすべて食べきるように「指導」したりもするのだが、はたして「指導」をうけた学生が他の場所でも「指導」に忠実でいるかどうかと問われると、はなはだ心もとない。かつての日本社会では宴席での食べ残しを「折り詰め」にして持ち帰るという美風もあったのだが、最近の居酒屋チェーン店に出入りする若者たちにそうした美風が受け継がれているとはとても思えない。そんななかで、「ゴミ箱の食べ残しをあさる新宿のホームレスまでも生活習慣病を患っている」というブラック・ジョークすら、まことしやかに語られているのが、わが国の現状なのである。

まさに現代日本は〝飽食〟（食に飽きる！）のなかにある。しかし、すこし国際情勢に目を向ければ、地球上には相変わらず飢餓に苦しむ人々がそこかしこに存在するわけで、この日本の飽食の現状は世界的にみてもかなり希有で背徳的な状況であることに気づく。もちろん、こんなことは私があえて述べるまでもなく、心ある多くの読者にはすでに気づかれているところだろう。しかし、それでも私は本書でありのままの飢饉の現実、しかも五〇〇年も昔に起きた飢饉の現実を、あえて読者のまえに提示したいと思う。

では、なぜこの満ち足りた「飽食の時代」に、わざわざ陰惨な「飢饉の時代」を振り返らなければならないのか。以下、私が考える本書の特徴と、その狙いとするところを三点あげよう。

## 中世の富と貧困

まず第一には、なにより五〇〇年以上前にこの国で起きた大飢饉のありのままを描くことで、この現代日本の飽食が歴史的に見ても特異な状況であることをあらためて訴えたいということである。それによって、私たちが〝常識〟としていることが、いかに〝飽食〟

の時代に規定されたものであるかが、きっと分かってもらえるはずである。

また、本書では当時の社会の〝飢餓〟の対極にある当時の京都の〝飽食〟にも目を向けてゆく。この二つの正反対の世界は、現代の発展途上国の〝飢餓〟と先進国の〝飽食〟が密接な因果関係で結ばれているように、互いに連関するものだった。本書では第二に、現代にも通じる〝飢餓〟と〝飽食〟の残酷な構造も明らかにしてゆきたい。

そして、大飢饉の最中に一休や世阿弥が自己の思索を深めたように、当時の人々も危機に直面して手をこまねいていたわけではなく、生き抜くための真剣な営みに力を傾けていた。本書では第三に、飢饉の悲惨さもさることながら、そうした人々のバイタリティーにも目を向けてゆきたい。あるいは、そこから〝飽食〟を生きる私たちが失っている何かを見つけ出すことができるかもしれない。

また、平時よりも危機のときに物事の本質がよく現われるとは、よくいわれることだが、それは室町時代の飢饉についても当てはまる。本書では飢饉を通して、政治制度としての「室町幕府」や経済制度としての「荘園制」、中世人の心性の特質などについても、あわせて解説してゆきたい。なお、本書では足利義持など、室町幕府の最高権力者のことを「室《むろ》町殿《まちどの》」とよぶが、これはいわゆる「将軍」とは必ずしも同義ではない。この時代には将軍職を退いた前将軍が「室町殿」とよばれて実権を行使する場合や、将軍就任前の将軍予定者が「室町殿」とよばれて実権を行使する場合が多々見られる。そのため、近年の学界では、混乱を避けるため幕府の最高権力者のことを将軍職にこだわらず、こうよぶことが多く、本書での呼称もそれに従ったものである。

# 謎の異国船襲来

# 蒙古が攻めてくる!

## 燃える国境の島

話は、応永の大飢饉が起こる一年前にさかのぼる。

当時、中世日本の「西の境界」と考えられていた島が、北九州と朝鮮半島のあいだにあった対馬《つしま》島（長崎県対馬市）である。総面積七一〇平方キロ、南北にのびるこの巨大な島は、地図で見ると中央部で大きくくびれて、二つの地域に分かれている。ちょうど、このくびれ目にあたる浅茅《あそう》湾の尾崎《おさき》とよばれる地域のなかに土寄《つちより》という漁村があった（図1参照）。応永二六年の六月二〇日（旧暦。新暦〔グレゴリオ暦〕でいう一四一九年七月二二日。飢饉という気象・気候にかかわる問題を扱う本書では、季節感を重視し、以下すべて旧暦の後に括弧で現行のグレゴリオ暦の年月日を併記する）、この村の湊《みなと》の沖合いに、にわかに十数艘《そう》の船影が現われた。

この船影を見た村人たちは、最初、てっきり自分たちの仲間が帰ってきたものと思いこみ、海岸に酒肉を持ち寄って船の着岸を待ち望んでいたという。しかし、それは仲間の船などではなかった。最初の十数艘に見えた船影は、やがて数を増してゆき、ついには二二七艘の大船団となって、この村に突如として上陸を開始したのである。ちがう！　これは対馬の船ではない。いったいどこの船なんだ。仰天した村人たちは食物も家財も捨てて、

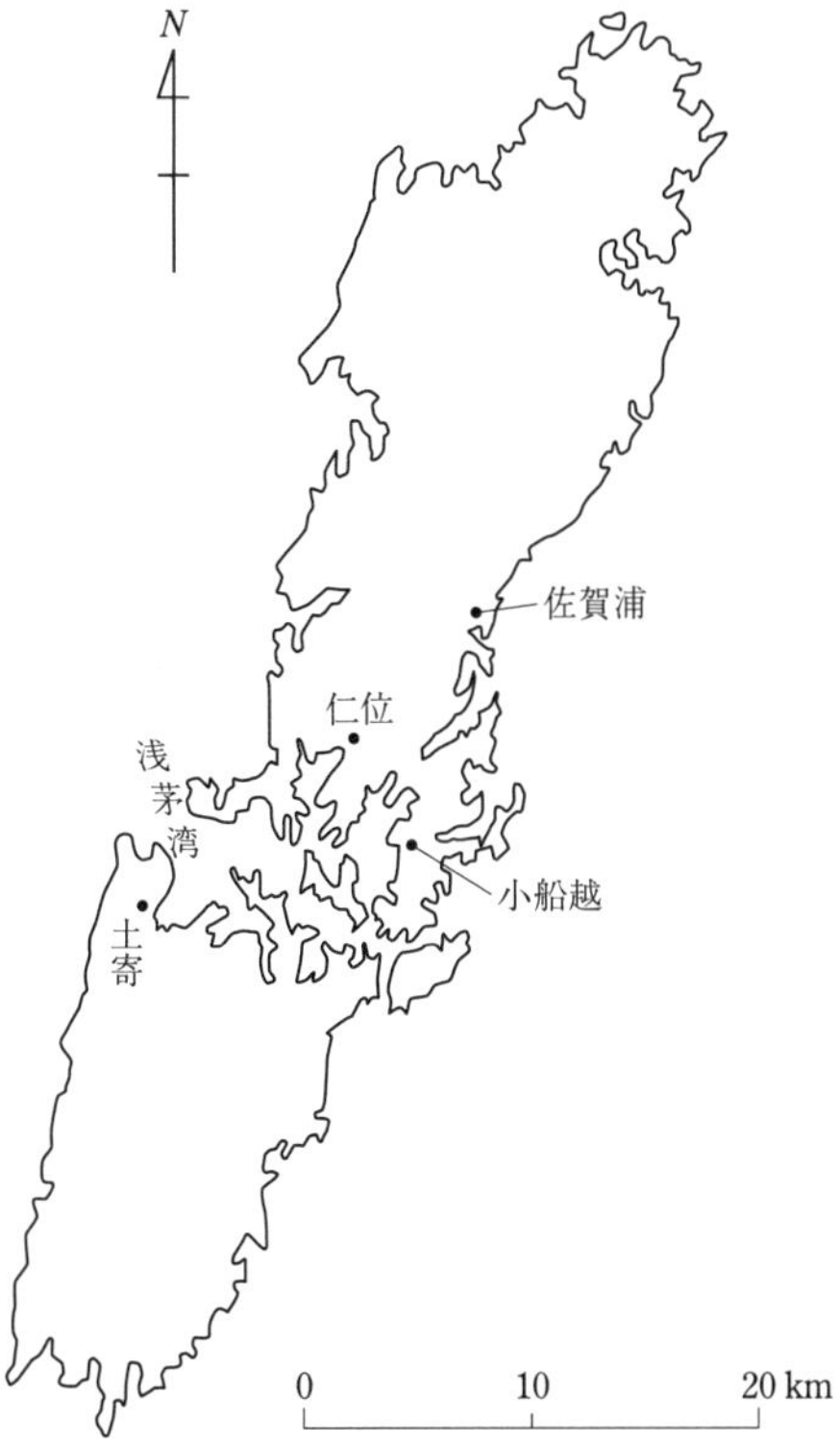

図１　対馬略地図

散りぢりになって裏山へ逃げ込んでいった。わずかに村人のうち五十数人が勇敢にこれに立ち向かったが、それも謎の侵入軍のまえにあっという間に打ち破られてしまった。そして、上陸した侵入軍は、そのまま次々と島内に散ってゆき、まずは村人の船大小一二九艘を差し押さえ、このうち使えそうなもの二〇艘を奪ったうえで、あとはことごとく焼き払ってしまう。また、一九三九軒の民家にも次々と火を放ち、農作物を荒らしまわり、その過程で村人一一四人が斬殺され、二一人が捕虜として拉致されてしまったという。こうして、謎の侵入団はまたたくまに対馬島の一角を占拠してしまったのである。

その後、侵略軍は数日間のうちに浅茅湾を大挙して横断し、小船越《こふなこし》を襲撃し、そのまま湾内に駐留した。これにより対馬島を南北に分かつ浅茅湾のくびれ目は、完全に侵略軍の手に落ちてしまったことになる。そして六月二六日（新暦七月二七日）、侵略軍は浅茅湾から仁位《にい》郡に兵を進め、ついに三手に分かれた大部隊は不気味な北上を開始した。当時、対馬島主であった宗《そう》氏の拠点は、その先の佐賀浦《さかうら》にあったから、あるいは彼らの北上は最終的には対馬島の首府ともいうべき、この佐賀浦を陥落させることを企図していたのかもしれない。しかし、ここで初めて対馬側の本格的な抗戦がはじまる。まず三手に分かれた部隊のうち左軍が対馬側の伏兵の襲撃にあい、百数十人の者が命を落とすことになる。この対馬側の最初の反撃による戦果は、その後、侵略軍を撃退した郷土防衛の逸話として華々しく語り伝えられ、「糠嶽合戦《ぬかだけ》」という名でこの島の人々に長く記憶されることになる。

やがて、この「糠嶽合戦」に続き、島内諸方で対馬島民の組織的な反撃が展開する。これにより、残る右軍も対馬側の伏兵に遭遇し苦戦をしいられ、中軍にいたっては、という島民の抗戦のまえに仁位郡への上陸を断念せざるをえなかったという。こうして、侵略軍の佐賀浦進撃は、からくも水際で食い止められることになったのである。以後の情勢は目立った戦闘などもなく、双方にらみ合いのまま推移するが、最後は対馬島主の宗氏との政治交渉により、ついに七月に入って侵略軍は島内から撤収してゆくことになる。

## 朝鮮軍による襲撃

以上が、国境の島を襲った異国船襲来事件の全貌である。すでに歴史に詳しい読者には気づかれているかもしれないが、ここに紹介した事件こそは日本史教科書などで「応永の外寇《がいこう》」として取り上げられている中世を代表する著名な対外紛争事件の一部始終なのである。そして、このとき対馬を襲撃した「謎の船団」も、じつは単なる無法者の海賊集団ではなく、すべては李王朝によって組織された朝鮮国の正規軍だったのである（なお、「応永の外寇」という用語は、「元寇《げんこう》」〈モンゴル襲来〉などと同じく、戦前の排外思想が反映された言葉であり、学術用語としては不適切であることから、本書では使用しない）。

当時、朝鮮王朝は東シナ海を荒らしまわっていた「倭寇《わこう》」とよばれる海賊集団に頭を痛めていた。そのため、ここにきて朝鮮王朝はついに倭寇の根拠地と目されていた対馬島への襲撃に踏み切ったのである（朝鮮では、この事件を「己亥東征《きがいとうせい》」とよんでいる）。実際、このときの土寄の襲撃では、朝鮮軍はたんに村の焼打ちをしたわけではなく、村人によって拉致されていた中国人男女三一名を村内から救出している。対馬を倭寇の根拠地とみた朝鮮王朝の観測は正しく、農作物に恵まれない対馬の人々が、当時、大陸に渡って物資や生きた人間の掠奪を行っていたことは否定しがたい事実なのであった。そして、彼らを率いて海峡に覇をとなえていた実力者こそが、最初に焼打ちされた土寄の領主、早田左衛門太郎《そうださえもんたろう》だったのである。彼らは浅茅湾の複雑な入り江を船隠しにして、土寄や小船越を拠点に東シナ海の海域へと繰り出し、大陸や半島の人々を震撼させていたのである。

とくに、この事件が起きる一年前、対馬島主であった宗貞茂《さだしげ》が病死しており、この事件があったときの島主はまだ幼少の都都熊丸《つつくままる》（のちの貞盛《さだもり》）であった。対馬島主の死没と新島主の幼少という時期にあって、どうもこの頃、早田氏をはじめとする島内の国人たちは島主の統制を離れ、これまで以上に大規模に大陸や半島への倭寇活動をはじめるようになってしまっていたらしい。

ただ、この衝突で双方は数百人という少なからぬ戦死者を出したものの、さいわいなことに戦闘自体はわずか一週間ほどで終了し、その戦闘地域もほぼ浅茅湾周辺に限定されたものだった。その意味では、この事件は国家や民族というややこしい問題を除けば、中世社会によくある地域紛争の一つであったということもできる。しかし、この事件を遠く京都で耳にした人々は、決してそのように受けとめることはできなかった。

## 京都での怪情報

私たち歴史研究者が室町時代前期を考えるうえで欠かせない重要史料に、『看聞日記《かんもんにっき》』と『満済准后日記《まんさいじゅごうにっき》』という二つの同時代人の日記がある。この時代の社会の実態を考えようという本書も、当然ながら、この二つの史料にお世話にならなければ、まったく話が進められない。以下では、この二つの史料に依拠しながら、対馬から話の舞台を京都とその周辺に移すことにしよう。とくにここまで紹介した対馬襲撃事件の経過は朝鮮側の記録である『朝鮮王朝実録』をもとに再構成したものなのだが、この辺境の孤島での武力衝突が京都まで伝わったとき、どのような変容をとげるのだろうか。まずはこの二つの日記に描かれたところから見てみることにしよう。

まず、このうちの一つ『満済准后日記』をめくってみよう。この日記の記者は、醍醐寺《だいごじ》三宝院門跡《さんぼういんもんぜき》の満済（一三七八～一四三五）。当時四二歳。彼は義満・義持・義教《よしのり》の三代の室町殿に仕えた護持僧で、とくに晩年は幕府の政治顧問のような役割を担っていたことから〝黒衣《こくい》の宰相《さいしょう》〟とまで呼ばれる実力者である。彼の日記は、のちに紹介する『看聞日記』に比べると抑制された文章ではあるものの、彼でなければ知りえない幕府の機密情報も多

図2　満済像（醍醐寺三宝院所蔵）

く盛り込まれており、室町幕府政治史を理解するうえでは不可欠の一級史料と考えられている。

事件から一ヵ月以上経った八月七日（新暦九月五日）、将軍御所にいた、その満済のところに九州の少弐《しように》満貞から事件の詳細を告げる報告書が舞い込む。このとき彼の日記のなかに引用された少弐氏からの情報は、およそ以下のような驚くべき内容だった。すこし長いが、意訳してみよう。

蒙古《もうこ》の船の先陣五百余艘が対馬の港に押し寄せました。そのため、わたくしの代官である宗右衛門以下七百余騎が駆けつけて、いくどか合戦におよびました。六月二六日には終日戦い、ついに異国の者どもを破り、その場でほとんど討ち取るか生け捕りにしたそうです。とくに異国の大将二人を生け捕りにし、彼らからいろいろ重要証言も得ているもようです。それによれば、じつは、こんど攻めて来た五百余艘はすべて高《こう》麗《らい》国の者のようです。本当ならば唐船二万余艘が六月六日に日本本土に上陸するはずでしたが、ちょうどこの日に大風が起こったために撤退し、ほとんどの船は海中に沈んだということを、生け捕りにした高という名前の高麗人の大将から聞き出しているそうです。そもそもこんどの合戦には、いろいろ不思議なことがあったようです。菅《すが》原道真《わらみちざね》公の霊魂が現れて、いろいろ奇跡をおこしてくれたとも聞いています。

ここで、対馬に襲来した船が倍の数になっていることや、宗氏を少弐氏の「代官」としている点などは、この報告書を作成した少弐満貞が事件を自身の功績としようとしたための稚拙な誇張だろう。それより呆れるのは、こともあろうに、こんどの「高麗国」の侵入はあくまで「先陣」であって、その背後には「唐船」二万余艘の大船団を組織した「蒙古」による日本遠征計画がある、という荒唐無稽な話である。これがまったく根も葉もないデマであることはいうまでもない。しかも、その大遠征計画を頓挫させたのが「大風」で、それは菅原道真の霊力によるものだというのも、鎌倉時代の「元寇」のイメージを無責任に焼きなおしたものにすぎない。

## モンゴル戦争の記憶

すでにモンゴル帝国が二度にわたって日本に攻めてきたのは一五〇年近くも昔の話であり、そのとき攻めてきた元王朝すら半世紀も前に滅亡してしまっている。にもかかわらず、室町幕府の政治の中枢にあった彼の耳には、こんどの事件は事件後一ヵ月も経って「蒙古」の襲来として届いているのである。しかも、この注進状を受け取った満済は、これを読んですっかり報告内容を信じきってしまっていたらしい。このあと彼は日記に「末世といっても捨てたものではない。こんどのことでは全国の神社でいろいろな奇跡がおきたと以前から聞いている。まったくすばらしいことではないか」と無邪気な感動を書き記しているのである。

しかし、満済がこうした無責任な話を信じてしまうのも無理からぬところではあった。当時、京都にはあちこちの神社から不思議な「兆候」が伝えられていたのである。彼の日記を見るだけでも、すでに六月二六日（新暦七月二七日）には出雲大社《いずもたいしゃ》や京の賀茂神社《かもじんじゃ》で「怪異」があったことが記されており、同二九日（新暦七月三〇日）には美濃《みの》の南宮社《なんぐう》で「振動」、京の貴船社《きふね》で「山崩」、西宮荒戎《にしのみやあらえびす》宮で剣珠が東を向く、という怪異現象が報告されている。また、七月二日（新暦八月二日）には満済自身が「異国調伏《ちょうぶく》」の祈禱を行っている。同一九日（新暦八月一九日）には尾張の熱田《あつた》社で少女が神がかりになって、熱田社の社頭に伊勢や八幡の神々が集結し「異国責来《せめきたる》」について「重事の御評定《ごひょうじょう》」を開いているという「神託《しんたく》」を述べたとも記されている。

鎌倉時代のモンゴル戦争以来、中世国家は対外戦争に際して、神威《しんい》を鼓舞《こぶ》する目的で神社所領の復興や神社の修築などを行ってきた。そのため、当時の神社勢力はことあるごとに「怪異」や「神威」を強調して、幕府や朝廷から恩賞に預かろうと画策した。おそらく、ここにきて突然全国の神社から次々と「怪異」の報告がなされているのも、いち早くこんどの事件の情報を嗅ぎつけた神社側が、この機会を利用して利権拡大を図ろうとしたためとみるべきだろう。つまり、満済が少弐氏からの情報を耳にする遥か以前から、すでに京の巷では宗教勢力によって外国の脅威を意図的に誇張したり歪曲した不確実な情報が氾濫していたようなのである。

## 「ムクリコクリ」の戦慄

しかも、ここで「蒙古」というすでに滅んでいる国の名前が出てくる突飛さに、現代の私たちなら呆れてしまうが、これは当時の人々にはさほど違和感のあることではなかったようだ。事実、私たちは歴史年表などをめくれば、鎌倉時代のモンゴル襲来が文永《ぶんえい》一一年（一二七四）と弘安《こうあん》四年（一二八一）の二回だけであったことを簡単に知ることができるが、当のフビライは最期まで三度目の日本遠征の野望を捨てていなかったし、鎌倉幕府は二度の侵略をうけた後も再度の侵攻に備え、けっきょく沿岸防備の厳戒態勢を幕府滅亡まで怠ることはなかった。そして、その後もことあるごとに日本国内でも蒙古襲来の噂は繰り返された。

室町幕府の成立後にかぎっても、応安《おうあん》元年（一三六八）五月には京都で蒙古襲来の噂がたっているし（『後愚昧記《ごぐまいき》』）、その後、くだって文安《ぶんあん》四年（一四四七）三月になっても、あいかわらず蒙古襲来の噂は確認することができる（『建内記《けんないき》』）。さらには東国にいた鎌倉公方《くぼう》ですらも、当時は「蒙古（毛胡）退治の御祈禱」のため毎年三月三日に鎌倉の由比《ゆい》ガ浜で犬追物《いぬおうもの》を行っていたとされるから（『鎌倉年中行事』）、室町時代の人々にもモンゴル襲来の記憶はまだ生々しいものがあったのだろう。歴史年表のうえではともかく、中世日本人の心のなかには「蒙古」はいまだ滅んでおらず、依然として虎視眈々《こしたんたん》と日本侵略の機会をうかがう恐怖の存在だったのである。実際、いまでも「得体の知れないもの」のことを指して「ムクリコクリ（蒙古・高句麗）」とよぶ地域が、西日本を問わず日本全国にみられる。有名なところでは、広島原爆の惨禍を描いた井伏鱒二《いぶせますじ》の小説『黒い雨』のなかで、正体不明の原子爆弾のキノコ雲のことを当初広島の人々が「ムクリコクリの雲」とよんでいたことが記されている。それほどまでに鎌倉時代のモンゴル襲来のトラウマは大きかったのである。

さらに不幸なことには、当時、おりわるく室町幕府をめぐる対外情勢は対朝鮮関係のみならず、対中国関係においても最悪の状況を抱えていた。後に詳しく述べるように、当時の室町殿である足利義持は、父義満がはじめた日明《にちみん》貿易を日本が明に対して臣下の礼をとる朝貢《ちょうこう》形式であることを不満とし、中断させてしまっていたのだった。そのため、両国の関係修復のために、この前年にも明から呂淵《りょえん》という国使が来日していたのだが、けっきょく交渉は決裂。激怒した呂淵は義持に対して「お前の父や朝鮮王はみな私に臣従しているのに、お前ひとりだけが臣従しないとは何事か。かくなるうえは、将兵を派遣して朝鮮とともに日本に送りこんでやる。お前はせいぜい城壁を高くこしらえて、堀を深く掘ってこれを待っているがいい」（「汝の父および朝鮮王、皆我れに事《つか》えしに、汝独《ひと》り事えず。予、将を遣わし朝鮮と同《とも》に行兵せん。汝は乃《すなわ》ち城を高くし池を深くしてこれを待て」）という永楽《えいらく》帝からの恫喝の言葉を残して帰国してしまっていた（『老松堂日本行録《ろうしょうどうにほんこうろく》』）。

しかも、前年の交渉決裂の後、最悪のタイミングで呂淵は再び日本を訪れており、ちょうど朝鮮軍が対馬に上陸した六月二〇日（新暦七月二一日）に博多に到着し、七月一九日（新暦八月一九日）には兵庫に滞在していた。満済によれば、このとき呂淵が持参した永楽帝の国書も高圧的な内容で、文永年間のフビライの国書を連想させるものであったという。そして、満済はこの国書の内容を記した後、同日の日記に「蒙古」の対馬襲撃の記事を書き記しているのである。彼の脳裏で朝鮮の対馬襲撃事件と明帝国からの圧力が関連性をもつものとして結びつけられていたとしても無理はない。八方塞りの外交で、東アジアの孤児となっていた日本の国内で疑心暗鬼は確実に拡大していた。彼らの眼には辺境の地域紛争が日本を取り巻く世界帝国の巨大な陰謀として映り、それに宗教勢力の扇動が重なって、いまや事態は収拾のつかないパニックを生み出しつつあったのである。

こうした当時の異常な国内状況は、もう一つの同時代史料である『看聞日記』を読むとより明瞭になる。『看聞日記』は、皇族である伏見宮貞成《さだふさ》親王（一三七二～一四五六）の書いた日記で、そのころ彼が隠棲していた京都郊外の伏見の村落生活から京都政界上層部のゴシップまで、幅広い領域の情報を精彩に富んだ筆致でふんだんに書き込んでいてくれているため、この時期の政治・経済・文化を考えるうえでひときわ重要な史料とされている。

### さまざまな怪異現象

貞成は当時四八歳（厳密には彼はまだ「親王」ではなく、当時はただの「貞成王」である）。彼自身が好奇心旺盛だったということもあって、とくに彼の日記には事件直後から全国の神社の「怪異」に関する記述がとても多い。まず六月二五日（新暦七月二六日）には、出雲大社の「振動・流血」、西宮荒戎宮の「振動」。広田社からは神々が数十騎の軍兵に姿を変え東方に出撃してゆくのが目撃されたという（あるいは熱田社での神々の「御評定」にでも参加しようとしたのだろうか）。また、その軍兵は謎の「女騎の武者」を大将にして率いられており、これを目撃した神人は、その後発狂してしまったとか。さらには、石清水八幡宮《いわしみずはちまんぐう》の鳥居が風も吹かないのに倒壊し、社頭の「ささやきの橋」は大破してしまったとか。怪異現象の話題は尽きない。同二九日（新暦七月三〇日）には、北野天満宮《きたのてんまんぐう》から菅原道真の霊が社殿の扉を開けて、西に向かって飛び立っていったとも記されている。

そんな不気味な情報が飛び交うなか、肝心の対馬襲撃事件の詳細は、彼のもとには完全に捻じ曲げられて伝えられていた。七月二〇日と二四日（新暦八月二〇日・二四日）の日記には、「唐人」の上陸地点は対馬ではなく、あろうことか「薩摩」として伝えられ、なお両国軍の激戦の模様が記録されている。それによれば「唐人」のなかには「鬼のごとき形の者」がいて、海上に浮かぶ兵船は「八万余艘」もあったという。そして、彼らの主力はやはり「蒙古」であったことなどが記され、敵のイメージはどんどん肥大化していっていることがうかがえる。

実際、ここでとりあげた『満済准后日記』や『看聞日記』といった京都近郊に住む人々の日記だけでなく、能登国《のと》（石川県北部）に残された年代記である『永光寺年代記《ようこうじ》』にも、こんどの事件は応永二六年の条に「蒙古来」と書かれており、陸奥国《むつ》会津《あいづ》（福島県会津若松市）の年代記『異本塔寺長帳《いほんとうでらながちょう》』応永二六年六月二〇日条にも「蒙古、日本を攻むるの由注進。大騒ぎするも、その後来たらず」と記されている。攻めてきたのが「蒙古」であったという説は、京都だけではなく、当時、列島全土に相当なひろがりをもっていたらしい。

また、ちょうど兵庫に来ていた明国の呂淵の使節団は、もう完全に敵軍の「使節」として認識されてしまっていた。『看聞日記』には、彼らのもたらした国書には「梵沐桐重」という謎の四文字を記した札が副えられており、僧・俗・才人をもってしても日本人は誰一人これを読むことができず、その不気味さに震えあがっている、と記されている。平安時代の「吉備《きび》大臣《だいじん》入唐《にっとう》絵巻《えまき》」などを読むと、唐人はきまって日本人に対して難解な暗号を示して知恵比べを挑んでくる存在として描かれている。このときの話も、そうした説話をもとに生まれた作り話と考えるべきだろう。ただし、説話の世界では吉備真備《きびのまきび》などのスーパースターが見事に謎解きをして唐人にいっぱい食わせるのだが、このときは誰も唐人の知恵比べに太刀打ちできなかったというのだから、当時の人々の恐怖はさらに大きかっただろう。

## 幻の神風

しかし、やがてお決まりの「神風」が吹くことになる。応永二六年（一四一九）八月一一日（新暦九月九日）の日記によれば、六月二六日（新暦七月二七日）に対馬で「少弐・大友・菊地《（ママ）》」といった九州の武将たちの奮戦で、ついに「異賊」は打ち破られ、「大将軍二人」が生け捕りにされたという。「二万五千艘」の大船団はついに「大風」のまえに海の藻屑となり、生け捕りにされた大将は京都に連行されて、もうすぐそばの兵庫まで来ているとも伝えられている。満済の把握した情報では実際に二百余艘だった朝鮮の船団は五百余艘に誇張されていたが、ここではさらに船団は東アジア各国から総動員された二万五〇〇〇艘という巨大艦隊に姿を変えられてしまっている。また、実際の戦場には決していなかった少弐・大友・菊池といった武将たちの奮戦がことさらに強調されている。

とはいえ、この未曾有の「国難」を払い除けた「奇跡の大勝利」に京都の人々は沸き返った。足利義持の三条坊門御所や後小松《ごこまつ》上皇の仙洞御所《せんとうごしょ》へのお祝いの参賀はひきもきらず、大名・門跡・摂関・大臣以下は連日のように先を競って御所に詰めかけた。幻の「神風」は、モンゴル戦争のときがそうであったように、当時の日本人に独特のナショナリズム、神国意識を増殖させることになったようだ。貞成も「末代といえども神慮の至り、不思儀なり」と書き記し、とても満足気な様子である。

うたかたの戦勝ムードに沸くなか、八月一三日（新暦九月一一日）には、実在しない九州探題《たんだい》・渋川持範《しぶかわもちのり》なる者が書いたとされる怪しげな偽文書まで市中に流布《るふ》しはじめていた。そこでは、合戦の最中に、どこからともなく「女人」を「大将」とした「錦《にしき》の旗三流《はたさんりゅう》」を指した「大船四艘」が現われ、「蒙古」の軍船に乗る敵兵三〇〇余人を次々と素手で海中に投げ入れ、日本軍に勝利をもたらしたと記されている。ここで出現した「女人」は、さきに広田社からの出撃が目撃された謎の「女騎の武者」と同一人物で、「錦の旗」を目印にしていることからも、古代において「三韓征伐《さんかんせいばつ》」を行ったとされる伝説上の神功皇后《じんぐうこうごう》をイメージしているにちがいない。この偽文書を読んだ貞成は、むしろこれを神功皇后ではなく天照大神《あまてらすおおみかみ》と思っていたようだが、いずれにしても彼は「末代といえども神明の威力、わが国の擁護、顕然なり」と、より一層自身の神国意識を強化させてしまっているようである。

こうして日本全国の神々の「奮戦」の模様が次々と報告されるのにともない、八月一七日（新暦九月一五日）、朝廷は観応《かんのう》元年（一三五〇）以来中断していた二十二社に対する祈《き》年穀奉幣《ねんこくほうべい》の行事を、ついに六九年ぶりに復活させることになる。蒙古・大唐国・南蛮・高麗と、東アジアの大軍団が牙をむいて襲いかかってきた「国難」は、「神国」日本の神・人一体となった努力によって見事に克服された、ということなのだろう。

ちなみに、同じ頃、かの世阿弥も「白楽天《はくらくてん》」という新作能を創作している。内容は、日本国の知恵のレベルを調べるために唐国からやってきた白楽天が、住吉明神の化身に詩歌の競作で敗れ、最後は日本の神々の起こす「神風」によって本国まで吹き飛ばされてしまうという陳腐なものである。しかし、この作品の背景に、これまでみてきた一連の「国難」や、当時の人々の偏狭な排外思想が反映されていることは誰の目にも明らかであろう。デマと誤報が入り乱れ、対外的な脅威と自国の優越だけがいたずらに誇張されるような集団ヒステリー状態にあって、当時、世阿弥ですらもその狂騒から自由でいることは不可能だったのである。ただ、このとき人々を浮かれさせた幻の「大勝利」が、このあとさらなる巨大な悲劇につながることになろうとは、まだ誰も気づいていなかった。

# 蒙古の怨霊が復讐する

## 怪しげな男

話は二年ほど飛んで、応永の大飢饉のパニックがまだ完全には収まらないでいる応永二八年七月一一日（新暦一四二一年八月一八日）――。貞成の伏見御所に、伊勢神宮の宮人《みやびと》と名乗る怪しげな男がひとり現われて、こういった。

去々年蒙古襲来の時、神明治罰《しんめいちばつ》により異族若干滅亡《そこばく》しおわんぬ。その怨霊、疫病となりて、万人死亡すべし。

つまり、一昨年の「蒙古襲来」では伊勢の「神明」（天照大神）が天罰を下してくださったので「異族」はほとんど滅亡したが、こんどは、そのとき滅んだ「蒙古」たちの「怨霊」が新たに「疫病」となったので、このままだと日本人はみな死んでしまうぞ、というのである。一昨年前、海の藻屑と消えたはずの「蒙古」の魂が「怨霊」となって「疫病」

を巻き起こし、ふたたび日本に襲来しているとは、なんとも珍妙な話である。しかも、この男は、これは伊勢の神からの「御託宣《たくせん》」だと述べて、他に伊勢の神が詠んだとされる「神歌」も四首、見せびらかしに来ていた。さすがに、このときばかりは貞成もこの話を警戒して、「信仰するにおよばず」と懐疑的な態度を示している。

しかし、現実に、この頃の京都では前年の大飢饉の後をうけて新春から長く疫病が大流行しており、すでに京都や貞成のいる伏見荘でも多くの人々が次々と命を落としていた。そうした人々の不安につけこんで信者を獲得しようというのは古今、宗教勢力の常套手段だが、このときの貞成も「信仰するにおよばず」とはいってみたものの、この怪しげな男のいうことに気になる部分があったらしい。その後で、彼は日記に「しかれども神歌これを記す」と書いて、男が示した伊勢の神の「神歌」なるものを四首、書き写している。

「神歌」の詳細はあまりに退屈なので省略するが、そこでは、さきに対馬に来襲した侵略者を撃退した伊勢の神の霊力が一貫して讃えられている。しかも、これまで「大唐国」や「蒙古」であった侵略者は、その歌のなかでは人間ですらなく、疫病を巻き起こす「悪魔」あるいは「荒ぶる神」とされているのである。そして、伊勢の神が侵略者を撃退した後も「悪魔」や「荒ぶる神」は「疫病」というかたちで引き続き私たちの生活を脅かしつづけていることを強調し、そこから救済されるためには伊勢の神へのさらなる崇敬が必要だ、と訴えているのである。

この「神歌」や男の話が伊勢信仰を広めてゆくための宣伝活動《プロパガンダ》であることは、もはや明らかだろう。彼らは、そのために、すでに滅んでしまった「大唐国」や「蒙古」の侵略者をわざわざ「悪魔」や「荒ぶる神」として蘇らせ、それを現在猛威を振るっている疫病の元凶に仕立てあげたのである。貞成がこれに懐疑的な眼を向けたのも無理はなかった。しかし、この男の話すことがまったく当時の人々から支持を得られない荒唐無稽なものだったかといえば、そうとばかりはいえない部分もある。たとえば、非業《ひごう》の死をとげた者の怨霊が疫病や飢饉を起こすという話は、古くは平安時代の「御霊会《ごりょうえ》」が怨霊をなぐさめるためのものだったように、日本史上、その例は多い。もちろん、室町時代になってからでもそうした意識は根強く、二〜三の例をあげることは容易である。

## 室町怨霊譚

たとえば近いところでは、足利義持の弟の足利義嗣《よしつぐ》（一三九四〜一四一八）なども、その死後、人々に怨霊として恐れられた存在である。義嗣は、義持の八歳年下の異母弟であったが、応永二三年（一四一六）に関東で上杉禅秀《うえすぎぜんしゅう》の乱が起きると、それとの関与を疑われ捕縛され、翌々年には幽閉先の相国寺《しょうこくじ》林光院で兄義持の命によりひそかに殺害されてしまう。まさに悲劇の人物であった。

しかし、この一人の若者を犠牲にすることで、ともあれ義持の政権は磐石《ばんじゃく》なものとなり、その義持の地位もやがては義持の嫡子である義量《よしかず》（一四〇七〜二五）に安泰に受け継がれてゆくはずだった。ところが、肝心の義量は生来病弱だったらしく、応永三二年（一四二四）六月頃には「痢病」を患っている。このときすでに義量の病状はかなり重篤なものだったらしいが、その病床で、なぜか義量は死んだ叔父義嗣についてのうわ言を口走ったらしい。これを聞いた関係者は、もちろんみな青ざめた。御所内では瞬時に「義量の発病は義嗣の怨念によるものにちがいない」との噂が駆けめぐり、人々は義嗣の怨霊にひとしきり震えおののいている（『満済准后日記』）。

そして翌年二月、ついに義量はわずか一九歳で死去してしまう。これにより関係者のあいだで義嗣の怨霊の存在は確信にかわった（『薩戒記《さつかいき》』）。しかも、その数年後には当の義持自身もあっけない急死をとげてしまう。義持の死後、新しい室町殿となった足利義教（一三九四〜一四四一）は、すぐさま義嗣の霊を神社として祀り、その新しい神社は、尊氏の弟で室町幕府草創の功労者でありながら非業の死をとげた足利直義《ただよし》に准《なぞら》えて「新大蔵宮」と称せられることになる（『満済』正長二年七月六日条、『綱光公記』文安五年九月二九日条）。ここでは非業の死をとげた義嗣の怨霊は政敵義持やその嫡子を発病させ、死に追いやるまでの霊力を発揮しているのである。

また、時代は下って足利義政《よしまさ》（一四三六〜九〇）の時代、義政の乳母で強大な権勢を誇りながらも失脚した今参局《いままいりのつぼね》についても、死後に怨霊となって猛威を振るったことが確認できる。長禄《ちょうろく》三年（一四五九）正月、今参局は対立する裏松重子《うらまつしげこ》派の女房たちの讒言《ざんげん》により、あえなく失脚し、琵琶湖の沖ノ島に流罪に処せられることとなった。しかし、その政治生命を絶つだけでは満足しなかった反対派の女房たちはさらに義政に讒訴して、けっきょく今参局は流罪途中の近江国甲良荘《こうら》（滋賀県甲良町）の寺院にて自害に追い込まれてしまう。

しかし、このときの今参局の最期は壮烈なもので、女性にもかかわらず切腹をとげ、人々から「女丈夫《じょじょうぶ》」とまで評されるほどであったという。そのため、死後、怨霊となった彼女の霊は凄まじい怨念を発揮し、義政の愛妾で妊娠中だった三条氏を死に追いやっただけでなく、彼女が死んだ場所である甲良荘に連年にわたって大旱魃を起こし続けたという（「大館持房行状」）。これにより、後に彼女の霊も神として祀られ、御霊神社の片隅に末社として「小社」が作られることになった（『後法興院記《ごほうこういんき》』文明《ぶんめい》一二年六月二五日条）。ここでは、今参局の怨霊は人々に死病をもたらすだけではなく、所縁のある地域一帯に大旱魃をもたらすまでの威力を発揮しているのである。

## 疫病は異国から

ただ、この問題を考える際には、「怨霊が疫病や飢饉を起こす」というだけでなく、もう一方で中世日本人に「疫病は外国からやってくる」という意識があったということも忘れてはならないだろう。

古いところでは、貞観《じょうがん》一四年（八七二）正月、京都で「咳逆病《がいぎゃくびょう》」という病気が流行ったが、その原因について、ちょうど同じ頃に渤海使《ぼっかいし》が来日していたことから、世間の人々は渤海使が「異土の毒気」を運んできたためだ、と噂していたという（『日本三代実録《にほんさんだいじつろく》』）。また、鎌倉時代になってからの貞永《じょうえい》二年（一二三三）二月、このときも「咳病《がいびょう》」が大流行したが、当時、人々はこの原因不明の病気を「夷病《えびすのやまい》」とよんでいる。その理由は、直前に「夷狄《いてき》」（外国人）が入京したのを万人が見物しており、人々はそれによってこの病気に感染したと考えたらしい（『明月記《めいげつき》』）。このほか、近いところでは康永《こうえい》四年（一三四五）九月にも「咳病」が大流行しており、当時は光厳《こうごん》上皇が罹患したのをはじめ多くの人々がこれに悩まされ、なかには命まで落とした者もいた。ところが、このときの人々も「これ唐船帰朝の時このことあり」と述べて、「咳病」は中国船が持ち込んだものと信じていた（『園太暦《えんたいりゃく》』）。

そもそも中世人に最も恐れられていた病気の一つである疱瘡《ほうそう》（天然痘《てんねんとう》）にしても、当時の日本国内では朝鮮半島が発生源だと考えられていた。鎌倉前期の説話集『続古事談』のなかで「モガサ（疱瘡）ト云《いう》病ハ、新羅国ヨリオコリタリ」と断言されており、筑紫《つくし》の鵜《う》飼船《かいぶね》が誤って朝鮮半島に漂着し、この病気に感染して帰国してきてしまったのが、日本における最初の天然痘上陸であったとまで書かれている。これらの意識の背後に、さきに見たような自国を清浄な「神国」と考える、当時の日本人の独善的な対外認識があったことはまちがいないだろう。

以上のような当時の人々の怨霊観や異国観を前提にして考えれば、「海中に没した蒙古の怨霊が疫病をもたらし、ふたたび日本の人々を苦しめようとしている」という伊勢神宮の宮人の吹聴する荒唐無稽な「御託宣」にも、当時の人々を納得させるだけの相応の説得力があったと考えざるをえないだろう。応永の大飢饉と、その前年の対馬襲撃事件（いわゆる「応永の外寇」）――。年表のうえでは一年違いの出来事ながら、これまで研究者のあいだでも一方は環境史、一方は対外関係史の文脈で理解され、相互の関係性が追究されることはなかった。しかし、事実はどうあれ、当時の人々の頭のなかでは、この二つの事件は濃密な連関をもっていたのである。

現代のように自然科学・社会科学が発達していなかった時代、飢饉や疫病が起きるメカニズムは人々にとって想像を絶するものがあった。そのため、当時の人々は、彼らの持ち合わせていた世界観や思考様式を総動員して、これらの悲劇に彼らなりの説明を加えようとしていたのである。彼らの行う「飢饉対策」というものも、後に紹介するように現代人から見れば理解不能なことが多いのだが、それも、けっきょく彼らなりの論理に基づいいた一定の「合理性」をもっていたのである。私たちが前近代、とくに中世の飢饉や疫病を考えるさいに注意しなければならないのは、まずなにより、こうした当時の人々独特の意識構造や思考様式に十分な留意を払うということだろう。そうしなければ、私たちは彼らの必死の飢饉克服の営為すらも見落としてしまうことになりかねないのである。

次の「室町人の〝死〟と〝生〟」の章では、本題である応永の大飢饉の実態に迫るまえに、まず当時の人々が日常的にどのような苛酷な環境にあったのかを見てゆくことにしよう。

# 室町人の〝死〟と〝生〟

# 古米か？　新米か？

## 中世飢饉研究の現在

近年、日本中世史の研究者のあいだでは、日本中世は農業生産が拡大した発展期というよりも、むしろ飢饉の頻発や慢性的低生産によって苦しめられた停滞期だったのではないか、という、これまでとはおよそ正反対の見解が有力になってきている。そうした見解に基づく研究成果は、この時期を古くから「小氷期」（寒冷化）の時代であると指摘する自然科学分野の研究だけではなく、最近では文献史料を使った研究にも多く見られるようになってきている。もちろん、かりに中世の農業生産が発展期ではなく停滞期にあったとしたとき、それがどの程度の影響を社会にあたえており、どの時期に最悪の状況を迎えたのか、と問われると、じつはまだ肝心のことはよくわかっていない。また、自然科学分野の研究成果も、最近では「小氷期」の時期設定をめぐって諸説が乱立している状況にあるようだ。その意味で、私たちもいたずらに中世を〝飢饉と低生産の時代〟と決めつけて、歴史の変化の原因を安易に低生産や飢饉に求めてしまうのは、まだ慎まなくてはならない。

しかし、その一方で、この時期の自然環境を復元するための材料は着実に積み重ねられつつある。たとえば、すでに中世の古文書・古記録にみえる飢饉や災害の情報をデータベースにする試みは、藤木久志氏のほぼ独力による一五年がかりの収集によって十分に蓄積されているし、一五〜一六世紀の古記録にみえる気候情報の集成も水越允治《みずこしみつはる》氏の尽力によって完成をみている。これらの業績によって、私たちは史料に現われた中世四〇〇年間の気候変動の大まかな傾向を容易に把握することができるようになった。今後も日本中世社会の実態解明のためには、こうした基礎的な作業の蓄積がなにより重要な意味をもつようになってくることはまちがいないだろう。

そこで、日本中世史を研究する端くれである私も、およばずながら自分にもできそうなことを考えてみた。そこで思いついたのが、本書のように一つの飢饉の経過をドキュメンタリー風に追いかける作業なのであるが、それと同時進行で、当時の一般庶民の生活環境を考えることができそうな素材を収集する作業を、以前から個人的に少しずつつづけている。以下では、応永の大飢饉を考える前提として、その作業過程で私が収集した二〜三の史料をコラム風に提示することで、室町時代の人々にとっての〝死〟と〝生〟の意味について考えておきたい。

## 悪徳米商人事件

通常、私たちは同じ銘柄のお米なら古米と新米では新米のほうを好んで食べる。そして、米屋やスーパーでは古米と新米では新米のほうに高い値段がつけられている。これは当たり前のことで、なにも不思議なことではない。では、はたして中世の人々は古米と新米、どちらのほうを好んだのだろうか？　こんなことを考える研究者はおそらくこれまでいなかっただろうし、かりに関心をもったとしても、そんなことを物語る史料は中世では滅多に見ることはない。しかし、その気になって探してみると、まったくないわけでもないようだ。

永享《えいきょう》三年（一四三一）七月、例年なら諸国から年貢米や商売米として多量の米穀が京都に運び込まれるはずの、この時期、なぜかこの年にかぎって、いっこうに京都には米穀の搬入がなされなかった。前月から続いていたこの状況は、やがて七月になると「洛中辺土飢饉」といわれるほどの異常事態になり、ついには餓死者まで出る始末となっていた。

しかし、じつは、このとき「飢饉」など起きておらず、京都を一歩出れば米はふんだんに存在していたのである。すべての原因は、このとき、京都の米商人たちが結託して諸国から米を京都に運び入れる道を封鎖して、京都に米が入らないようにしていることにあった。彼らは京都を人工的に「飢饉」状態にすることで、米価を意図的につり上げ、値が上がったところで自分たちが持っていた米を市場に投下して大もうけをしようと企んでいたのだった。餓死者を出してでも利ざやを稼ごうという米商人たちのあくどい魂胆はもちろん決して褒められたものではないが、一方で彼らが物価に対して現代人並みの鋭敏な感覚をもっていたことにはあらためて驚かされる。

ただ、そうした計算高い一面を見せながらも、同時に彼らの仲間は密かに「飢渇祭《けかちまつり》」という怪しげな祭を行って、みんなで「飢饉」がさらに加速することを神に祈っていたのだという。巧妙な物価操作の一方で狂信的な「飢渇祭」に専念する、この彼らの矛盾した行動は私たちには容易に理解しがたいものがあるが、ここにこそ室町時代人の心性の一つの大きな特徴が現われているというべきだろう。同様のことは、このあと本書のなかで再三指摘することになるが、現代人並みに鋭く発達した経済感覚をもちながらも、一方で未開社会的な呪術観念を矛盾なく持ち続けていたところが、私からいわせれば、この時代に生きた彼らの最大の特質であり、彼らを研究するうえでの最大の魅力なのである。

## 古米の値段

しかし、こんなことがいつまでも続けられるはずもなく、悪事はやがて人々の知れるところとなった。すると「飢饉」の原因を突き止めた室町幕府は、すぐさまこの悪徳米商人たちを逮捕し、主犯格の六人を斬首に処することになる。

そのうえで、この京都の人工的な「飢饉」を一刻も早く収束させるため、今回の犯罪に加担していない米商人たちに対しても公定価格での米の販売を命令するのである。

そして、このときの幕府の法令が「古米六升・新米八升、売るべし」というものであった（『満済准后日記』）。つまり、法令の趣旨は（おそらくは一〇〇文につき）古米六升・新米八升という価格での販売を指示したものと考えられるが、ここで私たちは一つの疑問に突き当たる。同じ金額で新米が八升買えるのに対して、古米が六升しか買えないのだとすれば、ここでは古米のほうが新米よりも高いということになってしまう。これはいったいどうしたことなのだろうか。この悪徳米商人事件は、じつは研究者のあいだで有名な事件なのであるが、なぜかこのときの法令の数値に注意を向けた人はだれもいない。あるいは史料の誤記・誤写なのだろうか？

しかし、時期は異なるが、似たような史料は他にもある。天文七年（一五三八）八月、京都の相国寺の僧侶の日記『鹿苑日録《ろくおんにちろく》』のなかに、坂下与五郎という者から米を「一駄」買ったという話が記されている。そのとき相国寺が買った米は新米と古米が半々だったようだが、日記のなかではその米の金額が「古半〈八百卅〉・新〈六百六十〉」と記されている。つまり、古米半分の値段が八三〇文、残る新米半分の値段が六六〇文、というわけである。ここでも古米のほうが新米よりも高いことになっている。しかも、この相国寺の買米の金額と、さきの室町幕府の設定した公定価格の数値は、うまい具合にどちらもほぼ六対八、古米が新米よりも一・二一～一・三倍の値段になっている。これを偶然の一致といえるだろうか。

なお、このほか管見にふれたデータとしては、はるか下って近世前期、元禄一五年（一七〇二）の江戸でも、小判一両につき新米六斗八升・古米六斗一～二升とされている（東大経済学部所蔵「浅田家文書」）。また、福井の近世史料を見るかぎりでも、嘉永三年（一八五〇）と安政四年（一八五七）に新米よりも古米のほうが高かったことが明らかであり、その逆の事実はいまのところ確認できない（「村松喜太夫家文書」「内山良治家文書」）。比率は異なるものの、あるいは、こうした古米と新米の価格差は、近世まで共通するものだったのかもしれない。

ともあれ、中世における新米価格と古米価格を比較することができる史料は私の知るかぎり先の二点ぐらいしかなく、さらなる史料の収集と検討が必要である。ただ、目下のデータからすれば、少なくとも中世社会では現代社会とは異なり新米よりも古米のほうが高価だったとしか考えられない。では、それはいったいなぜなのだろうか？

## なぜ古米が高いのか

ここから先は史料には何一つ書かれていないから、あらゆる可能性を想像するしかない。

読者のみなさんも一緒に考えていただきたい。最初、私が思いついたのは、以下の四種の可能性である。

①古米の貯蔵コストが価格に反映された。
②中世人は古米のほうが新米よりも美味しいと考えていた。
③中世人は味はともかく古いものをありがたがった。
④中世では味はともかく古米の稀少性が貴ばれた。

以下、それぞれ検討を加えることにしよう。まず①の貯蔵コストの問題はたしかに考えられるが、それをいったら現代でも同じことになる。にもかかわらず、現代においては貯蔵コストのかかる古米が安いのである。やはり、この問題は消費者の嗜好《しこう》を最優先に考えるべきだろう。そこで、つぎに思いついたのが②の古米のほうが美味しいと考えられていた可能性である。中世人の味の好みを記した史料を見つけるのは至難の業だが、味覚というものも〝文化〟である以上、特定の時代にマズイと考えられていたものが別の時代に美味しいと考えられていた可能性は十分にある。ちなみに、現代でも老舗《しにせ》の寿司屋などでは古米のほうが寿司に向いているとして積極的に古米を使っているという話を聞いたことがある。このほか、別の可能性として考えられるのは、③味はともかく「古い」ということ、それ自体に当時の人々が価値を見出していた可能性である。これは中世の人々が「新儀」

よりも「先例」を重んじる独特の時間感覚をもっていたことから連想した可能性である。そして、やや苦し紛れで思いついた残る可能性は④、市場での流通量が少なくなっているはずの古米に対して、味はともかく当時の人々がその希少性に価値を見出したという可能性である。

しかし、いずれの可能性も、しょせん「可能性」にすぎず、残念ながら決め手に欠くといわざるをえない。そこで私としてはこれ以上の追究を断念せざるをえず、この問題はしばらく私のなかで棚上げにしていた。ところが、ある日、あることをきっかけにして、①～④とも異なる第五の可能性に気がついた。それは、

⑤古米のほうが炊くと増えるから。

というものであった。

つまり、古米のほうが水分が抜けているため、同じ一升でも新米よりも水分を吸収して、炊きあがったときに分量が増えるのだ。私はこれを家事をしていて、米を研いでいるときに思いついた。我ながら名案！　と喜んだ私は、再び古米と新米に関する情報を集めはじめたのだが、調べてみるとこの可能性にはかなりの妥当性があることが次第に明らかになっていった。

## 古米は膨れる

インターネットで検索してみると、フォトジャーナリストの宇田有三氏をはじめ、東南アジア〜南アジアでの生活経験がある方々のブログの多くで、いまでもタイやビルマ（ミャンマー）やインドでは新米よりも古米のほうが高い値段であることが指摘されている。しかも、その理由の一つは「古米の方が膨れて量が多くなり、お腹がいっぱいになる」から、なのだそうだ。しかも驚いたのは、古米が水を吸って増えるとき、その分量は新米に比べて一・二一〜一・三倍になるのだという。これは先の二つの史料でみた新米と古米の値段比とぴったり一致するではないか。だとすれば、先の値段比は古米が膨張したときの分量を反映した価格であった可能性が高い。もちろん、中世に生きた人々が米を食べるのに、すべて現代の私たちと同じような炊き方をしていたはずがない。多くは雑穀とともに粥のようなかたちで食べたと思われるが、だとしても分量の問題は大きな意味をもつだろう。そんなわけで、私は、目下のところ、中世において新米よりも古米が高かったとすれば、それは「炊くと増える」というのが最も有力な理由なのではないか、と思っている。

だとすれば、この事実は現代と中世を考えるとき、きわめて重要なことを私たちに示唆してくれるのではないか。つまり、現代に生きる私たちは米を購入するとき、多少の分量の相違などは意識せず、それが自身の嗜好にあっているか否かを最大の基準にする。これに対して、中世に生きた人々は嗜好の問題などは二の次、三の次であって、最も気にしていたのは分量の問題、それで「お腹がいっぱいになる」か否かという問題だったのである。ここからも〝飽食の現代〟と〝飢餓の中世〟という対比がはっきりと浮かびあがる。「食べる」という些細な日常の行動一つをとっても、私たちは中世を考えるとき、現代の飽食の「常識」を安易に持ち込んではならないのである。そして逆に、中世の人々の生活を考えるということは、私たち現代を生きる者の「常識」が必ずしも普遍のものではなく、飽食の文化に規定されたものであることを教えてくれるのだ。ここに中世史を学ぶことの意義の一つがあるといえるだろう。

# 「生」か？ 死か？

「食」の問題に続いては、つぎに「出産」という問題について考えてみたい。室町後期〜戦国前期を生きた興福寺《こうふくじ》の僧に実暁《じつぎょう》という人物がいる。この人物は生来好奇心旺盛な質《たち》だったらしく、自分の耳に入った様々な雑学《トリビア》の類をとりとめもなく書き留めた『習見聴諺集《しゅうけんちょうげんしゅう》』という変わった書物をのこしている（東京大学史料編纂所所蔵の謄写本『実暁記』に所収）。たとえば、このなかには地方からやってきた者と交わした雑談のなかに出てきた「人間にとっての八つの大事」というものが引用されている。すでに笠松宏至氏によって中世人の意識を考えるうえでの興味深い史料として紹介されているものだが、あらためてその全八か条を紹介してみよう。

## 人生の「八大事」

一、一日之大事ニハ食事、　　一、一年之大事ニハ衣装、

一、一期之大事ニハ住屋、　　一、福人之大事ニハ盗人、
一、貧人之大事ニハ巡役《じゅんやく》、　　一、後生之大事ニハ地獄、
一、男子之大事ニハ敵、　　一、女性之大事ニハ産、

詳しい説明は不要だろう。ここでの「大事」には「重要なこと」という意味とともに「気をつけなければいけないこと」という意味が込められている。つまり、一日をしのいでゆくために気をつけなければならないのは「食事」、一年をしのいでゆくためには「衣装」、一生をしのいでゆくためには「住屋」というのである。このあたりの発想は、ある程度現代にも通用することかもしれない（もちろん、現代よりもはるかに貧しかった当時においては、「食事」にも「衣装」にも「住屋」にも、現代にもつ意味以上の意味があったことは想像にかたくないが）。

これに対して、その後に続く、金持ちにとっての「盗人」と対になっている貧乏人にとっての「巡役」（課役）や、死後の「地獄」、男子にとっての「敵」などというのは、いかにも中世らしい「大事」といえるだろう。領主による課役の賦課は貧困層ほど苛酷なものだったにちがいないし、仏教的な他界観が支配的であった当時にあっては「地獄」こそは最も恐るべきものであっただろうし、自力救済を基本とした当時の社会にあっては、男子はつねに「敵」から命を狙われる危険にさらされていたはずである。このようにいろいろ

と背景を詮索したくなる面白い史料が『習見聴諺集』には満載されているのであるが、ここで注目したいのは、この八つの「大事」の最後に記された「女性の大事には産」という一文である。もちろん、いまでも女性にとって出産は人生の大きな節目であることには変わりないが、ここで実暁があえて男子にとっての「敵」と対比させて記すほどの女性にとっての「産」とは、どのような意味をもっていたのだろうか。

### 中世女性の出産年齢

じつは、この実暁という僧、なぜか女性の生理に関して異常な関心をもっていたらしいのである。この『習見聴諺集』のなかには、このほかにも出産に関する聞き書きが多く見られる。たとえば、なかには、なんのために書いたのかよくわからない、こんな覚書も見える。

一、男女、子を生む事、女は十二より生みはじめて四十八才(ママ)まで生むと云々。四十九才(ママ)よりは産みがたき物なりと云々。男は十六より子を儲《もう》くる物なりと云々。光覚の説なり。

私に云く、当筒井《つつい》藤勝丸《とうしょうまる》の姉は母の十二才(ママ)の時、誕生のよし風聞なり。それより打ち続きて年子《としご》に生み畢《おわ》んぬと云々。雑談には女子の月水は十三歳よりとこれあるか。

女性は一二歳から四八歳まで出産することができる、しかし四九歳を過ぎると出産は難しい、男は一六歳から子供をもうけることができる――。なぜ四八歳まではよくて四九歳からは急にダメになるのか、疑問もなくはないが、私は中世人自身が女性の出産年齢について具体的に書き残した史料を他に知らない。鵜呑みにすることはできないが、これは中世社会史を考えるとき、きわめて重要な史料だと思う。しかも、実暁は文末に「光覚の説なり」と、この情報が光覚という僧から入手したものであることを明記しており、それなりに情報の信頼性や出処にこだわっているのも頼もしい。また、後段ではそれに「筒井藤勝丸の母は十二歳で出産し、その後、毎年出産を繰り返した」とか「(しかし一般的には)女子の初潮は十三歳かららしい」とか、実暁自身の見聞も書き加えており、彼なりに情報の真偽を検討しようとしている。

ヨーロッパ社会史研究では、女性の出産年齢の変化などが重要な研究テーマとなって久しい。しかし、それに対して、同様に「社会史」研究を進めた日本中世史研究では、女性の出産年齢を語る史料がいたって乏しいこともあって、そうした研究はまったく行われてこなかった。むろん、この一つの史料でヨーロッパ社会史の成果に比肩《ひけん》するような成果を出すことは不可能だろうが、こうした史料をもとに研究の突破口をつくることぐらいはできるのではないか。

たとえば、ここで述べられている女性の出産年齢の下限である一二歳、これはにわかに信じがたい数値ではあるが、有名な武田信玄《たけだしんげん》は元服前の一三歳のとき、最初の正室に扇谷《おうぎがやつ》上杉朝興《うえすぎともおき》の娘を迎え、すぐに彼女は懐妊している（『勝山記《かつやまき》』）。彼女の年齢は伝わらないが、おそらく信玄と同年代だったのだろう。一〇代前半での出産は、当時、実際にもありえない話ではなかったのではないだろうか。また、最上限である四八歳については、いくらなんでも高齢すぎる気もするが、かの足利尊氏の母清子は尊氏を三六歳、弟の直義を三八歳で出産している（『賢俊僧正日記』）。

ヨーロッパ社会史研究においても、避妊法が発明される以前の社会においては、女性の出産年齢は高齢化する傾向があったことが指摘されているから、これも一概に現代の「常識」で割り切ることはできないだろう。中世女性の出産年齢は私たちの想像以上に「上」にも「下」にも幅があったのではないだろうか。しかし、そうなると若年にせよ高齢にせよ、当然母体にかかる負担は大きくなる。現に武田信玄の最初の正室は難産のために出産時に母子ともに死んでしまっている。やはり中世は女性にとって苛酷な時代だったというべきだろう。

**産褥死占い**　このほか『習見聴諺集』には、男女の産み分け法など、怪しげな情報も記されているが、難産による母親の死去（＝産褥死《さんじょくし》）についても、こんなことを記している。

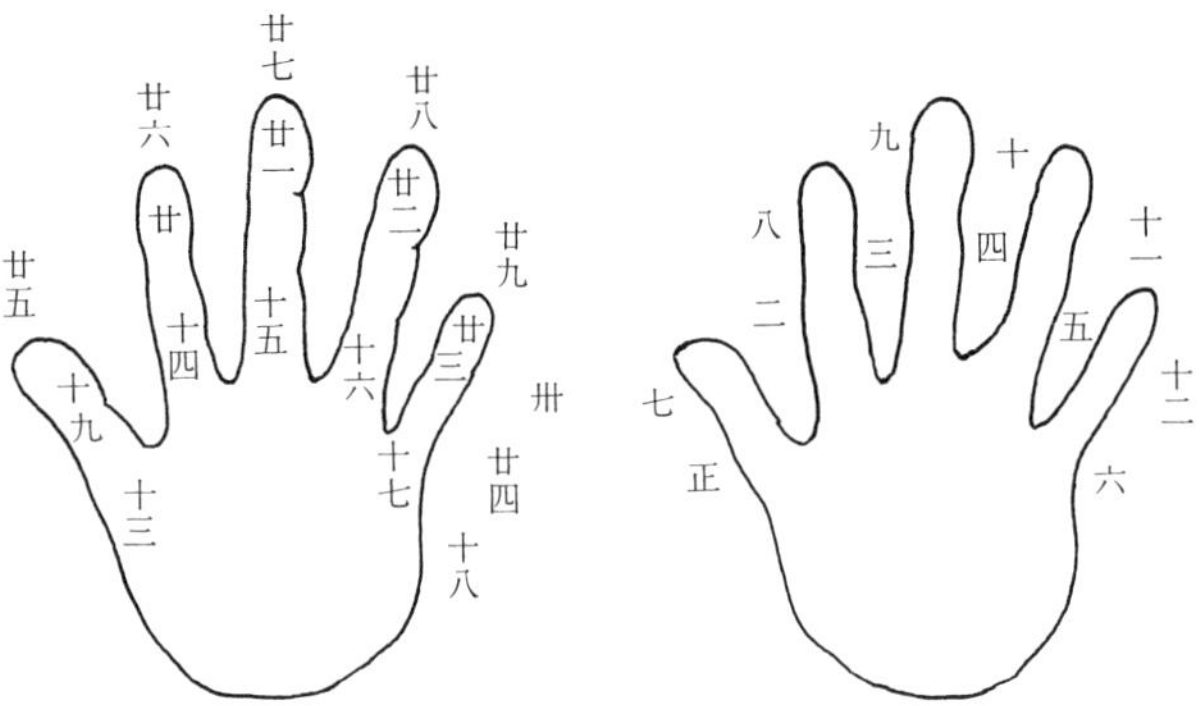


一、産の後、母生死否《いな》やの事、
母死月との事これあり。この勘《かん》ずる様は手指を一つ外へ勘じ出して、五の指を六に勘ずる様に沙汰して、産み月と母の年と同じ所へ勘じ当りしは善悪母死すと云々。

月をばかくのごとく大指より初めて小指より外へ一つ〈六月・十二月なり〉勘じ出して、悉皆六のところにて勘ずるなり。

〈子を生む〉母の年をば十三(ママ)才より初めて此《か》くのごとくくるりくるりと勘ずるなり。かくのごとくして母の年に当る指と、また産の月に当る指と同所へ相当れば、母善悪死すと云々。しかるあいだ、兼てより勘ずるなり。新療の調法には生み月を引き上るか、また延すかの調法よりほかはこれなしと云々。

二つの手のひらの絵が異様な雰囲気をかもし出しているが、下段の解説によれば、まず右の絵のように五本の指プラス外側の一ヵ所、あわせて六ヵ所に正月から一二月までの月を配する。そして、次に左の絵のように、同じ手に一三歳から三〇歳までの年齢を六ヵ所に配する。そして、母親の年齢を示す指と産み月を示す指の場所が一致したとき、それを「死月」とよんで、かならず母親は産褥死してしまうのだという。つまり、これは恐ろしいことに、母親が産褥死するか否かを占う方法なのである。もちろん、いまの私たちから見れば、これはまったく根も葉もない迷信としかいいようがない。当然ながら、この占いを歴史を分析するための史料として使用した研究も私は見たことがない。

しかし、これを書き留めた実暁自身は、いたって真面目にこの占いを信じていたらしい。そのことは、文末に「死月」から逃れるには産み月を引き上げるか、先延ばしするしかない、と書いていることからもうかがえる。実暁は真剣だったのだ。そう思って、あらためてこの史料を読み直してみると、いくつか興味深いことに気づく。まず一つは、占いの対象年齢が一三歳からであるという点。これは先に実暁自身が記した、女性の出産年齢の下限である一二歳に近似している。もちろん、すべての中世女性がそうであったとはいわないが、一二～三歳での出産というものが、当時は決してありえない話ではなかったことが、ここからも確認できる。

では、当時において産褥死の確率はどのぐらいのものだったのか？ もしこの占いから、それがわかるのだとすれば、これはヨーロッパ社会史の成果にも匹敵するような大発見だといえる。当然、私たちはこの占いからそれを知りたいところなのだが、残念ながらこの占い、その点はまったくあてにならない。一見すると、ここでの出産時の年齢と出産予定月が重なる「死月」の確率はさほど高くないように思えるが、実際にはややこしいルールのわりに、「死月」率は六分の一という異常に高い確率になってしまうのである（信じられない人は計算してみてください）。いくら中世社会でもここまで妊婦死亡率が高いわけがない。おそらく実暁をはじめとする中世の人々は、このもっともらしくも、ややこしいルールに幻惑されて、この占いを信じてしまっていたのではないだろうか。その点で、この占いはまったく非科学的で荒唐無稽なものであるとしかいいようがない。

ただ、むしろ、私はこの「産褥死占い」という占いが存在すること自体の意味を考えるべきだと思う。おそらく、そのことが現代に生きる私たちからすれば最も奇異なことなのではあるまいか。つまり、産んだ子供が死んでしまう「死産」というのならまだしも、ここで占っているのは妊婦自身が死んでしまう「産褥死」の可能性なのである。こんな占いがあるだろうか？ ちなみに、ユニセフのデータによれば、現代日本において妊婦死亡率は〇・〇一％、つまり一万人に一人なのだという。

## 妊婦の死亡率

もちろん、医療の発達したわが国においても妊婦死亡という悲劇が皆無ではないという現実は決して無視してはならないが、それにしてもきわめて稀有な事態であることはまちがいない。

しかし、中世においては、占いが存在するほどに妊婦死亡は人々から現実的に危惧される出来事だったのである。同じくユニセフのデータを見ると、現代においてもアフリカ南部などでは、依然として妊婦死亡は現実性のある問題であり続けていることがわかる。実際に、いまもアフリカ南部では、約六％の妊婦が出産までに死亡してしまうのだという。これは一六人に一人というきわめて高い数値である。いや、むしろ世界的に見れば、〇・〇一％という日本の妊婦死亡率のほうが、はるかに異常な数値というべきだろう。日本の妊婦死亡率の低さは世界最低とされている。人類史的なスケールで見たとき、この低数値は人類史の奇跡といってもいいかもしれない。

それを考えたとき、中世の人々が「産褥死占い」なるものを考案し、その滅茶苦茶な内容を信じていたとしても、私たちは決して笑うことはできない。

女性の大事には産――。

中世の人々がそういったとき、そこには嬰児死亡の危険どころか、母親そのものの命が奪われる危険性がつねに意識されていたのである。そして、中世の女性をそうした苛酷な状況に追いやった元凶も、直接的には医療の未発達という問題であろうが、根本的には慢性的な栄養不良、つまり当時の飢饉や低生産の慢性化という事態であったことは、ほぼまちがいないように思われる。

# 男が多いか？ 女が多いか？

## 中世の男女の人口比

「出産」の次は「人口」の問題、とくに男女の人口比の問題を考えてみたい。現在の日本では、生まれてくる子供のうち男子と女子の割合は、男子のほうが若干多いらしい。この男子が多くて女子が少ないという傾向は、現在、〇歳から四〇歳代までの日本人人口の大きな傾向といえるが、五〇歳を越えると、この関係は逆転する。女性のほうが長命であるのに対して、男性は五〇歳代あたりからそろそろ亡くなる方が見られはじめる。このため、五〇歳代以上の日本人人口では、現在は男性よりも女性のほうがやや上まわってしまうのである。そして、全般的な日本社会の傾向として少子高齢化が進んでいるため、現在、日本の総人口は、男女比では男性よりも女性のほうが多いということになっているそうだ（以上、総務省統計局資料より）。このように、人口の問題は、その社会が抱える問題や、社会を取り巻く環境が如実に現われるという点で、社会の特質を考えるうえでの重要な指標といえるだろう。

では、わが日本中世では、ずばり男性の数と女性の数、どちらが多かったのだろうか？真面目に悩まれた方には申し訳ないが、残念ながら、日本中世の男女比など、もちろん正確なところはわからないのである。ヨーロッパの社会史研究などでは、教会に残された洗礼記録（＝事実上の出生記録）や埋葬記録（＝事実上の死亡記録）から、人口動態の変化を追究して大きな成果をあげている。しかし、古代の律令《りつりょう》体制下や近世の寺請制度《てらうけせいど》下ならまだしも、そもそもそういった個々人を把握しようとする制度や発想が存在しなかった日本中世社会において、同じようなデータを探し求めるのはほとんど絶望的な作業なのである。まして、正確な男女比を明らかにすることなどできるはずもない。

## 日蓮の書状

ところが、日本中世の列島社会に生きた人々の男女比を知ることができる史料は、じつは存在しないわけではないのである。たとえば、左の記述は、かの有名な日蓮の書状のなかに見える一節である。

日本国と申すは、女人の国と申す国なり。天照大神と申せし女神のつきいだし給る島なり。この日本には、男は十九億九万四千八百二十八人、女は二十九億九万四千八百三十人なり。

（弘安二年二月二日　日蓮書状）

日蓮は、その生涯に信者や後援者に宛てて膨大な数の書状を残したことで知られるたいへん筆まめな人物であるが、その書状の中身も溢れんばかりの情報量で読む者を圧倒させるようなものが多い。これもその一例で、彼は書状中で日本国の概況を述べており、その過程で日本の総人口について言及している。中世で「億」という数字は現在でいう「十万」をあらわすから、ここで記載された日本の人口を現代の数値に換算すれば、男は一九九万四八二八人、女は二九九万四八三〇人、ということになる。この数値をもとに日蓮は、日本は男よりも女のほうが多い「女人の国」であると結論している。そして、その理由は、そもそも日本国が天照大神という女神によって作り出された島だからだ、と説明しているのである。とても信じがたいことだが、ここで日蓮のいっていることにとりあえず従えば、中世日本では女性が男性の一・五倍もいた、ということになってしまう。

もちろん、現代のように国勢調査など行われなかった時代、日本の人口について、ここまで細かい数字がわかるわけがない。ここで日蓮が書いている日本の総人口は、まったく架空の数値なのである。いうまでもなく、このデータを日本中世の人口動態をあらわす史料として利用することなどできるわけがないし、ましてここでいっている「女人の国」などという話を、そのまま私たちは信じるわけにはいかない。しかし、さきの産褥死占いがそうであったように、一見、無意味なデータにもそれなりの意味があるはずだ、というのが私の立場である。そう考えて、このデータに注目してみると、じつはこの数値、まったくのデタラメというわけでもなさそうだ。というのも、日蓮はこの書状を書いた翌年の弘《こう》安《あん》三年（一二八〇）正月二七日の書状のなかでも日本の人口について言及しているが、そこで書かれている数値というのも、ここで書かれた数値とまったく同一なのである。

また、同じく弘安五年（一二八二）七月の書状でも、日蓮は男性の人口についてはまったく同じ数値を記し、女性の人口も「二十九億九万四千八百六十人」というきわめて近い数値を記している（くずし字の「三」と「六」は似ているので誤写だろう）。つまり、ここであげられた数値は、決して日蓮が無責任な思いつきで書いたものではなく、日本の人口比として当時の人々に広く信じられていた数値だったようなのである。

## 女は男に倍す

じつは、こうした中世日本人が書きとめた「伝承人口」とでもいうべきデータは、すでに古くは高橋梵仙《ぼんせん》『日本人口史之研究』に集成されており、それに私が個人的に確認したデータなどを加えると、男女比がわかるものだけでも一〇点以上にのぼる。しかも、そのデータは古くは一三世紀から新しくは一七世紀にまでおよぶのだが、面白いことに、そのほとんどの数値がさきの日蓮書状で書かれたものときわめて近似した数値となっているのである。科学史家の板倉聖宣氏は、この伝承人口は奈良時代の行《ぎょう》基《き》が調べたものとして中世の人々のあいだに信じられていたもので、実際の中世日本の人口のデータとして考えるのはふさわしくないと述べている。しかし、もちろん細かな数字の当否は問題にならないとしても、中世日本では男性を上まわる数の女性がいたという、このデータの語るところを当時の人々が信じていたことの意味は、もっと重視されてもいいのではないだろうか。つまり、男よりも女が多いという話は、それなりに中世日本人の実感に即していた可能性があるのではないか、と私は思うのである。

なぜ私が唐突にそんなことをいうのかというと、それは中世の日本の男女比について記した同時代の朝鮮人の次のような記述が念頭にあるからである。

日本の俗、女は男に倍す。故に路店に至れば遊女迫半《たいはん》す。

日本では女性は男性の二倍いる。そのために一歩外へ出ると、街は遊女であふれかえっている——。ちょうど本書が主題とする応永の大飢饉の最中の応永二七年（一四二〇）に来日した朝鮮人宋希璟《ソンギヒヨン》は、九州から瀬戸内を通って京都に入るが、そこで彼はこんな記述を紀行詩文集『老松堂日本行録』に残しているのである。どうも、実際に室町京都では男性よりも女性のほうが多かったらしいのである。ただ、当時の京都というのは室町幕府の政権所在地ということもあって、日本列島のなかでもかなり特殊に発達した巨大都市でもあった。だから、ここで女性、とくに遊女が多かったという証言は、当時の一大消費都市・京都の特殊性を示すものである可能性は捨てきれない。しかし、だとしても、日蓮たちが書きとめた伝承人口との類似はやはり気になる。

これについて、一六世紀後半、明国の鄭舜功《ていしゅんこう》がまとめた日本情報記録である『日本一鑑《にほんいっかん》』という書物のなかに、「男女」と題する興味深い記述がみられる（『日本一鑑』窮河話海第三）。

備按するに、日本、女多くして男少なし。漢書《かんじょ》・隋志《ずいし》より今までまた然《しか》り。それ男少なきなり。そもそも少なく生まるるにあらず。もし男多く生まるれば、俗にこれを通厭（ママ）し、その生母生産の時に当たり、男を審係（ママ）し、男多く産むを必ず厭《いと》い、すなわち児の身を執《と》り、よって児の首を捉《とら》え、これを扭殺《ちゅうさつ》す。その残忍なることかくの如し。女多く欲するは、俗に妻妾《さいしょう》多しの故なり。ゆえに漢書に云く、大人みな四五妻あり。その余あるいは両あるいは三、これなり。

ここでもまた外国人によって、中世日本では女性が多くて男性が少ない、ということが証言されている。しかも、彼によれば、それは漢書・隋書《ずいしょ》の時代からのことなのだという（たしかに七世紀の日本を描いた『隋書倭国伝』にも「女多く男少なし」と書かれている）。では、それは、いったいなぜなのか。やや文意がとりづらいところもあるが、その理由は、およそ私たちの想像を超えるショッキングなものだった。つまり、この記録によれば、そもそも日本では男が少なく生まれるというわけではない、基本的には男女同数で生まれるのだが、もし男子が多く生まれすぎた場合、母親はこれを嫌がり、生まれるとすぐにその首を絞めて殺してしまう、というのだ。いわゆる「間引き」、嬰児殺《えいじ》しである。しかも、さらに驚かされることには、そこまでして当時の日本人が男子ではなく女子を欲しがる理由を、この記録は「妻妾多しの故」、すなわち女子はいざとなったら有力者の妻や愛人になって生きてゆくことができるからなのだ、と説明している。

### 男が得か？女が得か？

にわかには信じがたい話ではあるが、当時において男性よりも女性のほうが望まれたというのには、他にも思い当たる史料がある。たとえば、戦国時代の伊達《だて》氏の分国法である『塵芥集《じんかいしゅう》』四七条には、逃亡した下人を捕まえたときの謝金額が規定されているが、そこでは「男は三百疋《びき》（＝三貫文）、女は五百疋（＝五貫文）」と定められている。これにかぎらず、人身売買が日常的に行われていた日本中世において男性と女性では、おおむね女性のほうが高額で取引されていたのである。もちろん、それというのも、彼女たちには妻妾になったり売春のための需要があったからにほかならない。おそらく、さきの『老松堂日本行録』で京都の町が遊女で溢れかえっていたという話も、同様の事情が背景にあったと考えるべきだろう。生まれるとともに殺害されてしまう男子も哀れであるが、生かされた女子も、その将来は決して明るいものではなかったのである。

ただ、いまのところ私も、この『日本一鑑』の記事以外に、中世日本に女性が多かった理由を書き記した史料を知らない。これについては、外国人だから客観的な記述であるはずだ、という見方もできるが、逆に外国人特有の偏見や誇張がなかったともいいきれない。たとえば、戦国時代に日本を訪れた外国人である宣教師ルイス・フロイスは、やはり『日本一鑑』と同様に日本人に堕胎や嬰児殺害が多いことを悲憤を込めて書きのこしている。すこし長いが引用しよう（『日本史』五畿内篇第二八章・一五六七年）。

ある婦人たちは、出産後、（赤）児の首に足をのせて窒息死せしめ、別の（婦人たち）は、ある種の薬草を飲み、それによって堕胎に導く。ところで堺の市《まち》は大きく人口が稠密《ちゅうみつ》なので、朝方、海岸や濠に沿って歩いて行くと、幾たびとなくそこに捨てられている（そうした）子供たちを見受けることがある。もし母親が、出産後、捨てようと思う（赤）児に対して、なお幾ばくかの人情味を示そうとするならば、彼女らは（赤）児たちを岸に置き、潮が満ちてその（児）らを完全に殺すようにするか、それとも濠に投げる。（そうすると）通常は犬が来てそれらを食べるのである。

なんとも救いのない話である……。しかし、同じ箇所でフロイスは、彼女たちが堕胎や嬰児殺害をする理由を「ある者は貧困のため、あるいは多くの娘を持つことを厭うため、もしくははした女《め》であるために、そうでもしなくては十分よく奉仕を続けられないから」

と記している。ここでは『日本一鑑』とは正反対に、堕胎や嬰児殺害の理由のひとつが「多くの娘を持つことを厭うため」とされているのだ。はたして、どちらを信ずればよいか、いまのところ私にも成案がない。

ただ、いずれにしても確実にいえるのは、中世社会の貧困は私たちの想像を超えて悲惨なもので、男子をとるにせよ女子をとるにせよ、冷酷な「人口調節」をともなって人々は生き抜いていた、ということである。それが『日本一鑑』のいうように、列島の男女の人口比すらも狂わしかねないものであったとすれば、ますますその時代の闇は深かったというべきだろう。

以上のような史料の断片からも、当時の人々の置かれた日常の深刻さを理解していただけたのではないだろうか。新米と古米では「お腹がいっぱいになる」という理由で古米を尊重し、出産に際しては母親自身の生命すらも脅かされ、ようやく生まれた生命も「間引き」や人身売買という現実が襲いかかる——。特別に飢饉ということがなくとも、人々は慢性的な貧困に直面して〝生〟と〝死〟のはざ間で生きていたのである。まして、そこに飢饉が襲いかかったとき、人々はどうやって生き抜いていったのだろうか。

# なぜ巨大飢饉は起きたのか?

# 降雨日数から見た巨大飢饉の実態

**当時の気象状況を復原する**

話を応永の大飢饉の展開にもどそう。応永二六年（一四一九）六月に起きた朝鮮軍の対馬襲撃事件の衝撃と、それに続く都でのデマの嵐は、八月中旬の「九州探題渋川持範《しぶかわもちのり》」の荒唐無稽な偽文書の出現を最後に、ひとまず沈静化する。しかし、それからわずか半年ほど、年が明けて応永二七年も四月（新暦六月）になると、人々の生活はいよいよ大飢饉の暗い影に覆われるようになってゆく。ここからが、応永の大飢饉の本格的なはじまりである。ここでは、その大飢饉が何によって引き起こされたものなのか、を考えてゆくことにしよう。

さしあたっては、このときの大飢饉にいたる背景を知るためにも、まず当時の気象状況を復原しておきたい。さいわい当時の公家や僧侶の残した日記には、原則的に毎日、その日の「お天気」が記されている。ここでは、その日記に記された「お天気」情報をもとに、当時の天候を復原してみた。図3は、応永の大飢饉の前後にあたる一四一八〜二二年の五年間の気候情報を残してくれている日記である『看聞日記』と『満済准后日記』から一ヵ月あたりの降雨日数を計測しグラフにしてみたものである（作成にあたっては、水越允治編『古記録による15世紀の天候記録』を参考にした）。なお、月表示は旧暦だと年ごとに閏月などがあり不統一であるため、すべてを新暦（グレゴリオ暦）に換算し直した。また、降雨日数については、二つの日記のうちいずれかに少しでも雨が降ったことが記されていれば降雨日数に換算した（夕立や雪、雹《ひょう》や霰《あられ》も含む）。

もちろん、このグラフからは、あくまで日記に記された雨天の日数がわかるだけであって、それらがそれぞれどの程度の降水量であったかまではわからない。このことは、このデータの限界としてあらかじめ注意しておかなければならないだろう。ただ、参考データとして中央の一四二〇年のグラフに点線で書き加えたのが、国立天文台編『平成一九年度版　理科年表』をもとにした一九七〇〜二〇〇〇年の京都での各月の一ミリ以上の降雨日数の平均値のグラフである。これを見ると、比較的気候の安定していた一四二一年・二二年のグラフが、およそ現代京都の標準的な降雨日数のグラフに近い数値、似た波形を示していることがわかる。また、この現代の数値がほぼ毎月五〜一〇日のあいだに収まることか

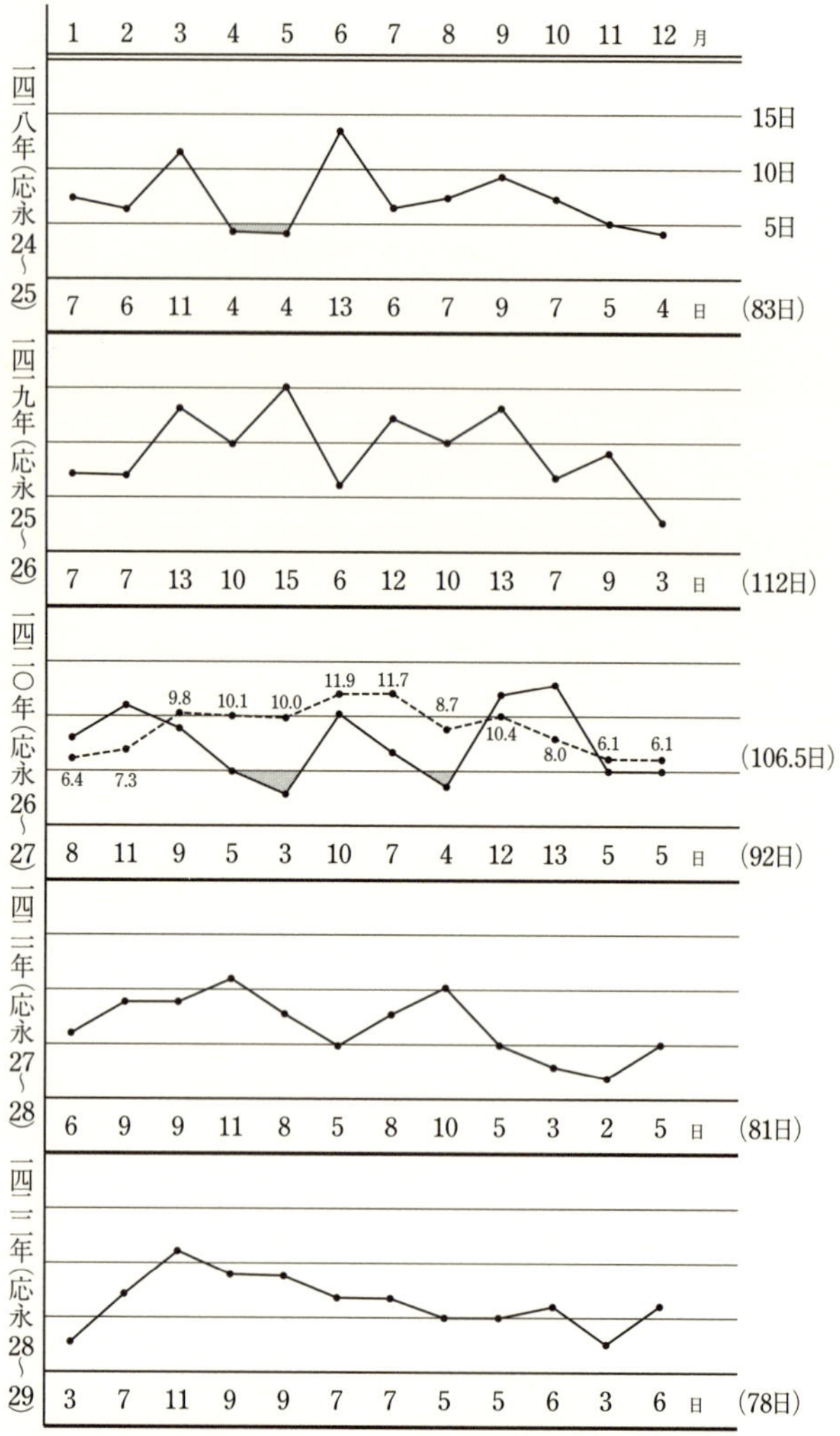
1 2 3 4 5 6 7 8 9 10 11 12 月
15日
10日
5日
一四一八年（応永24～25）
7 6 11 4 4 13 6 7 9 7 5 4 日 (83日)
一四一九年（応永25～26）
7 7 13 10 15 6 12 10 13 7 9 3 日 (112日)
一四二〇年（応永26～27）
6.4 7.3 9.8 10.1 10.0 11.9 11.7 8.7 10.4 8.0 6.1 6.1
(106.5日)
8 11 9 5 3 10 7 4 12 13 5 5 日 (92日)
一四二一年（応永27～28）
6 9 9 11 8 5 8 10 5 3 2 5 日 (81日)
一四二二年（応永28～29）
3 7 11 9 9 7 7 5 5 6 3 6 日 (78日)

図3　降雨日数グラフ（カッコ内は，年間降雨日数の合計）

ら、この現代の数値を基準にして、耕作期間中で、そこからはみ出た数値を示しているグラフについては、そこをグレーに塗ってみた。具体的には一四一八年四～五月、一四二〇年四～五月・八月にそれが認められるが、古記録をみると、当時、これらの月にはいずれも朝廷が降雨を諸々の神社に祈願する祈雨奉幣《きうほうべい》が行われていることが判明する。とすれば、以上のことから、当時の日記史料に記載された降雨日数は現代の一ミリ以上の雨をもとに算出した降雨日数とほぼ対応しており、グラフの数値や波形が点線で表わした現代の降雨日数に近い場合は気候が比較的安定しているとみなし、それとかけ離れている場合は気候異常を示していると、ひとまずは判断していいのではないだろうか。

では、そのことを踏まえたうえで、これらのグラフの分析に入ってみよう。

## 不安定な気候

まず、誰でもひと目でわかるのは、応永の大飢饉が起きた一四二〇年以前と以後で波形が大きく異なっているという点だろう。大飢饉の回復期に入った一四二一～二二年は数値も波形も現代のそれに近く、年間を通じてなだらかな形をなしており、気候が安定しつつあることがわかる。これに対して、一四一八年から二〇年にかけては波形の乱れが著しく、数値も月ごとに乱高下している。ここから推測されることとして、まず指摘しておかなければならない点は、大飢饉の原因はその年一年間だけにあるわけではない、ということだろう。

つまり、応永の大飢饉は一四二〇年の一年間の気候だけに問題があったわけではなく、それ以前の数年間にわたる不安定な気候が続いた挙句《あげく》、最終的には一四二〇年にすべての問題が大飢饉というかたちで噴出したと思われるのだ。考えてみれば、それ以前に気候が安定してさえいれば、ある程度の蓄えも生まれて、一年ぐらい天候不順になったところで、すべての人々がすぐに飢えるということにはならないはずである。にもかかわらず、あれだけの巨大飢饉になったということは、おそらく、それ以前から数年間は続いていた不安定な気候のなかで、一般の人々のなかには蓄えが慢性的に枯渇しているような状況があったのではないだろうか。そういった状況に一四二〇年の天候不順が止めを刺したというのが、応永の大飢饉の実態だったのではないだろうか。大飢饉の根は思いのほか深かったのである。

## 小氷期のなかの旱魃

グラフ全体を見渡して、もうひとつ気づくこととしては、点線で示した現代の降雨日数の数値と比べて、当時の降雨日数はいずれもそれを下まわっている、という点である。これについては、現代の一ミリ以上という降雨に対する厳密な科学的判断と、当時の人々の感覚的・主観的な判断の相違を意味している可能性もあるので一概に断定はできないが、比較的安定したグラフを示している一四二一〜

二二年ですらも、その数値はおおむね現代の数値よりも下まわっている。だとすれば、一般に応永の大飢饉は「旱魃型飢饉《かんばつ》」とされているが、雨不足は大飢饉の年だけにかぎったことではなく、その傾向は当時の社会が少なからず慢性的に抱えていた問題であった可能性がある。当時は地球規模の環境変動により「小氷期」に突入していた時期で、日本の中世は深刻な寒冷化のなかにあった、というのが現在の環境歴史学の有力な見解である。しかし、このデータを見るかぎり、少なくとも当時の京都周辺に生きていた人々には冷害（長雨）よりも旱害（旱魃）のほうが、悩ましい問題だったようだ。

よく日本史上に起きた飢饉の地域差として「西日本は旱害（日照り）型・東日本は冷害（長雨）型」ということがいわれる。同じ飢饉の原因となる異常気象でも、西日本は冷害に強く旱害に弱い、反対に東日本では旱害には強いが冷害に弱いようなのだ。実際にも、東日本では「雨天に豊作なく、旱魃に不作なし」あるいは「日照りに飢饉なし」ということわざが長く語り継がれている一方で、西日本ではいまでも大和盆地や四国地方で多く溜め池が造られていることからもわかるように旱魃への備えが最重要事であった。考えてみれば当たり前のことだが、同じ日本列島でも歴史上、飢饉の原因は一様ではなかったのだ。

このことは、「小氷期」と称される室町時代においても、ある程度、当てはまりそうである。たとえば、平安時代以来、旱魃や長雨が続いたとき、朝廷は丹生《にう》神社と貴布禰《きふね》神社をはじめとする諸神社に勅使を送り、雨乞いや晴天祈願をするのを恒例としていた。これを、それぞれ祈雨奉幣《きうほうべい》・止雨奉幣《しうほうべい》とよぶ。試みに、私が室町時代（とりあえず一三九二〜一四六七年の期間）の記録に見える、この祈雨奉幣と止雨奉幣の回数を数えてみたところ、約七〇年間に雨乞いを祈願する祈雨奉幣は一〇件、晴天を祈願する止雨奉幣は一一件という結果になった。当時、少なくとも京都周辺地域に関しては、必ずしも冷害（長雨）だけが問題視されていたわけではなく、それと同じぐらいに旱魃も大きな問題とされていたのである。この頃、地球規模では寒冷化に向かっていたことはまちがいなさそうだが、それが個別の飢饉に発展してゆく事情はもう少し複雑で、少なくとも東国と西国ではその事情に小さからぬ相違があったようである。このような列島社会における地域性ということを考慮したとき、これまでのように、すべて「中世＝寒冷化」と決めつけてしまうような見方は、あまりに乱暴に過ぎるように思う。

## 夏の旱魃、秋の長雨

さらにいえば、この降雨日数のグラフを注視すると、一四二〇年の春から夏にかけての降雨日数の少なさもさることながら、それとは対照的に同じ年の秋の降雨日数の異常な多さに嫌でも目がいく。実際、応永の大飢饉の場合、四月から八月にかけての旱魃が飢饉の主要因であったことはまちがいないのだが、その後の展開を追ってみると、それに追い討ちをかけた九月から一〇月にかけての長雨や台風の被害も無視できないようなのである。応永の大飢饉に限らず、ほかにもいくつか日本史上の巨大飢饉の現実の展開過程をみてみると、冷害か旱害のどちらか一方だけというよりは、ひどいものほど夏の旱魃と秋の長雨がダブルで起きており、それが巨大飢饉を巻き起こしているように思える。だとすれば、あるいは、そもそも一つの飢饉をこれまでのように「旱害型」と「冷害型」に二分類すること自体、どこまで有効なのか、ということが問われなければならないのかもしれない。つまり、実際の飢饉の原因は、かなり複雑な様相を呈していて、それは冷害とも旱害ともいえない不安定な異常気象のなかで起きる場合が多かったようなのである。この点は予断を排して、今後、一つ一つの飢饉の被害地域や原因に即した究明が必要とされるだろう。

事実として、この時期の飢饉の原因をひとつひとつ見てみると、じつに多様な原因から起きており、一概に「寒冷化による飢饉」とか「温暖化による飢饉の終息」とはいえないのである。それは、記憶に新しいところでは、米不足から外国米を輸入して〝平成の米騒動〟とまでよばれた一九九三年の我が国の大冷害を思い出してもらってもわかるだろう。これこそは大局的には地球規模で温暖化に向かうなかで起きた一時的な寒冷現象を原因とする凶作なのであり、こと凶作や飢饉に関しては大局的な気候変動がつねにその原因になるとは限らないのである。

# 「応永の平和」が生んだ大飢饉

## 「応永」という年号

ところで、飢饉や飢餓といえば、たんなる過去の話ではなく、いま現在も地球上で少なからぬ国々がそれに苦しめられている現在進行形の問題でもある。ここまでこの「なぜ巨大飢饉は起きたのか？」の章では飢饉の原因を気候条件から考えてきたが、現在、飢饉に悩まされている、これらの国々のことを思い出してもらえばわかるように、それらは単純に異常気象だけが原因で起こったものではない。現在、諸外国で起きている飢饉は、直接には異常気象や天候不順が引き金となったにしても、いずれもその背後には絶え間ない内戦や、独裁者による圧政というような政治的に深刻な問題があり、それらがつねに飢饉を発生・拡大させているのである。まさに飢饉はいつでも「天災」ではなく「人災」なのである。こうした点は、どうやら室町時代の飢饉も同様だったようだ。たしかに、これまで述べてきたように応永の大飢饉の原因の一つに異常気象があったことはまちがいないのだが、そのほか当時の政治体制・経済体制にも少なからぬ飢饉の原因があったようなのである。以下では、応永の大飢饉のそうした「人災」的側面にも目を向けてみよう。

ところで、応永の大飢饉という名称の由来にもなった、この「応永」という年号、前近代において最も長い期間使用された年号であるということは、あまり知られてはいない。それは延々三五年もの長期におよんだが、この使用期間の長さは第二位の「天文《てんぶん》」（一五三二～五五）の二四年間を大きく引き離している。その異常さは、鎌倉時代の一つの年号の使用期間が平均四年間であったことを考えても、明らかだろう。

そもそも前近代日本では、年号は天変地異や祥瑞《しょうずい》（めでたい前兆）などのほか、干支《かんし》（十干と十二支の組み合わせによる年の数え方）をもとに甲子《かっし》の年や辛酉《しんゆう》の年に改元が行われるものと決められており、めまぐるしいほどに改元が行われるのが常だった。当然、この三五年のあいだには改元をするタイミングがなかったわけではない。しかし、当時の朝廷は、改元する権限を握っているはずの天皇の地位がかつてないほどまでに低下し、かわりに室町殿が朝廷の政務にテコ入れをするというような事態になっていた。そのようななかで、どこからも改元が提案されることもないまま、事実上、「応永」年号が放置される事態になってしまっていたのである。「応永」の三五年間の継続使用は、そうした当時の特殊な政治状況を反映したものといえるだろう。

**公武統一政権**

こうした当時の朝廷と室町幕府が密着した政治の形態を、とくに研究者は「公武統一政権」とか「公武融合政治」とよんだりするが、両者の関係はもちろん対等なものではない。この時期の公・武の関係は、いわば朝廷が幕府によって政治的・経済的に〝丸抱え〟されているような状態にあった。

これは一見すると、室町殿が朝廷を意のままに牛耳ることができるのだから、室町殿にとってこれほど結構なことはないように思える。しかし、そのために室町殿は厄介な問題も少なからず背負い込まされることになった。いってみれば、室町殿は、守護や国人《こくじん》（地元の有力武士）といった武家のまえでは彼らの利益の代弁者の顔をしながらも、同時に公家や寺社のまえでは天皇にかわって彼らの利益の擁護者として振舞わなければならないという、なんとも微妙な立場に置かれてしまうことになった。この室町殿のもった二面性は、室町幕府が終生にわたって抱え込むことになったジレンマでもあり、このあと現実に政権にとっての手かせとも足かせともなった。それでも、この時期の室町殿は、すきあらば公家や寺社の荘園を侵犯しようとする武家勢力と、みずからの権益を死守しようとする公家・寺社勢力のあいだに立って、ときに揺らぎをみせながらも、それなりに両者の利害調整に努めた。

その結果、中世を通じて進行していた荘園制の解体が、この時期、その速度を弱め、一時的な調和がおとずれることになった。つまり、公・武のパワーバランスが奇跡的に保たれたことで、この「応永」の年号でくくられる室町前期の数十年間に荘園制が再び息を吹き返したのである。これまでの研究では、むしろ室町時代は「荘園制の解体期」として消極的に語られるのが常識であった。しかし、最近、研究者のあいだでは、こうした当時の実態を評価して、この時期の荘園制を「室町期荘園制」という独自の経済制度として積極的に位置づけようという気運が盛んになってきている。目立った大名の反乱などもなく、公武の均衡が保たれた、この四代将軍足利義持の治世を、なかには「応永の平和」とまでよぶ研究者もいるぐらいである。

## 紀ノ川流域荘園の闘い

しかし、ひとたび眼を民衆生活に転じたとき、「公武統一政権」や「室町期荘園制」とよばれる新しい政治と経済のシステムは、人々にどのような現実をもたらしたのだろうか。そのことを考えさせてくれる重要な史料群が、紀伊国（和歌山県）最大の荘園領主であった高野山《こうやさん》に残されている。ここでは、この高野山に伝えられる一連の文書群をもとにして、当時の一般民衆の置かれた経済状況に迫ってみよう。

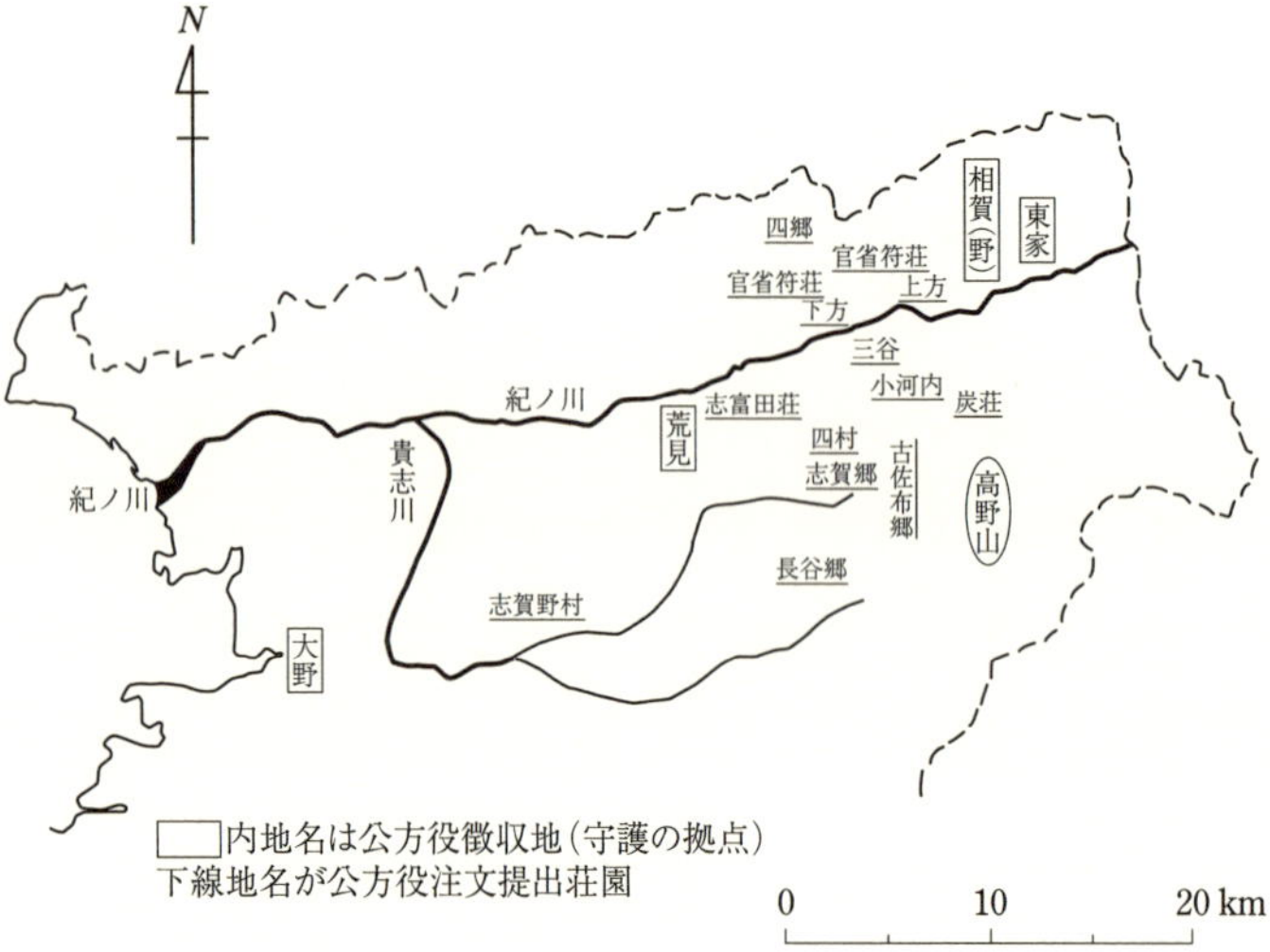


図4　紀伊国略図（黒田弘子「百姓の注文を読む」所収図版に加筆）

応永の大飢饉がようやく終息した応永三〇年（一四二三）の二月末から三月にかけて、紀伊国の紀ノ川《きのかわ》流域にあった諸荘園の荘民たちが、いっせいに荘園領主高野山に対して多くの注進状《ちゅうしんじょう》（告発状）を提出している。このとき提出された「公方役書上《くぼうやくかきあげ》」とよばれる注進状群は、前年の応永二九年に紀伊国守護（畠山《はたけやま》満家《みついえ》）から賦課された「公方役」（守護役）とよばれる課役の内容を荘園ごとに逐一書き上げ、その課役の過重と不当性を高野山に対して訴えるというものであった。このとき、この注進状を提出した高野山領荘園は、四郷《しごう》・志富田《しぶた》（渋田）荘・小河内《おごうち》・炭荘《すみのしょう》（炭香荘）・四村《よむら》・志賀《しが》郷・三谷《みたに》郷・古佐布《こさわ》（古沢）郷・長《は》谷《せ》郷・官省符荘《かんしょうふ》上方・官省符荘《しょうかみがた》下方《しもがた》など、判明するだけでも総計一四ヵ荘郷にものぼる。ただ、これだけの荘園からいっせいに文書が提出された直接の背景としては、荘園領主高野山からの提出命令があったらしい。このとき、自分の荘園に守護から際限なく「公方役」が賦課されることを見過ごせなくなった高野山は、これらの注進状を各荘園から徴収したうえで、これらを証拠書類として守護に訴訟を起こそうと考えていたようだ。しかし、ここで、これだけ多数の荘園の荘民たちが高野山の命令に素直に応じ、いっせいに注進状を提出した背景には、もちろん実際に「公方役」によって彼らの生活が圧迫されている実態があったからにちがいない。これら一連の注進状にはすでに黒田弘子氏によって詳細な分析も加えられているが、黒田氏の指摘するとおり、これらの注進状が書かれた背景には「公方役」を撤廃したいという荘民たちの切実な要求と、その解決を目指した広域的な連帯があったと考えるのが当然だろう。

では、彼らを追い詰めていた「公方役」の実態とは、いかなるものだったのだろうか。それらは大別すると、おおよそ①守護所のある大野（海南市）をはじめ紀伊国内の守護関連施設で使役される夫役《ぶやく》と、②京上夫《きょうじょうふ》とよばれる京都まで物資を運ばされる夫役、③そのほかの地域で使役される夫役（河内夫・伊勢夫など）、の三種に分けられる。もちろんこれらはすべて、それまでの荘園制下には存在しなかった課役であり、室町幕府体制の成立とともに、それまでの高野山に対する負担とは別に、新たに荘民たちのまえに降りかかってきたものであった。このうち①守護関連施設での夫役には、食物や燃料の提供や運搬などのほか、風呂を建設するための資材の提供と運搬など、じつに種々雑多なものが含まれている。そのほとんどが現物による徴収と、現実的な奉仕であることから、彼らの負担もさぞかし大きかったことだろう。

### 京上夫の負担

また、②京上夫は、それ以上に人々には重い負担になっていたと思われる。というのも、当時の室町幕府体制下においては各国の守護は京都に在住しているのが原則であり、それは紀伊国守護の畠山満家（一三七二～一四三三）とて例外ではなく、基本的に彼も恒常的に在京していた。しかも畠山満家の場合、ちょうどこの時期、将軍を補佐する管領《かんれい》の要職を務めており、京都政界において余人をもって代えがたい枢要な地位に就いていた。当然、彼の京都での日常的な消費や政界工作のための資源は、すべて領国からの物資によってまかなわれることになる。そのため、地元の紀伊国から発遣《はっけん》される京上夫は、彼の在京生活と政治的地位を維持するためにも重要な意味をもつことになったのである。

では、その京上夫とは、荘民にとって、どれほどの負担だったのだろうか。「公方役書上」に列挙された範囲で、応永二九年の一年間に紀ノ川流域荘園が負担した京上夫の内容を確認してみることにしよう。

まず、膨大な「公方役書上」のなかから京上夫のデータだけをとりあげてみると、意外にも守護からの京上夫の徴発に季節による偏りがあることに気づく。なかでも一番多いのが一二月の一五人、二番目が六月の一〇人であり、それ以外の月は平均二人程度である。恒常的な賦課のように見えながら、じつは京上夫は一二月と六月に偏る傾向が認められるのである。榎原雅治氏は、室町期の丹波《たんば》国大山荘（兵庫県篠山《ささやま》市）などの守護役が「瓜持《うりもち》夫《ふ》」（夏の盆供料《ぼんくりよう》）と「炭持夫《すみもちふ》」（年末の歳末節料）を中心に構成されており、当時の守護役がむやみな徴発ではなく、それなりに当時の年中行事（節供料）の慣行に準拠したものであったことを明らかにしている。おそらく、この紀伊国の京上夫も基本的には榎原氏が明らかにしたような年中行事慣行に準拠した徴発だったのだろう。収穫期で忙しい八～九月に徴発がほとんどないのも、農事暦に対するそれなりの配慮といえるかもしれない。

ただ、「公方役書上」のなかには一部「月別京上」とか「以上京上十人、此内二人月別」という表現が見えることからすると、一方で、この時期、京上夫は月ごとに何人という月割りで、恒常的な負担として制度化されてもいたようだ。しかも、ここでの京上夫は、すべてが実際に京都まで直接出向いたわけではなく、すでに代銭納《だいせんのう》化も進んでおり、基本的には一人の京上夫を差し出すかわりに荘郷は五〇〇文の夫銭《ぶせん》を支払うというルールになっていたらしい。おそらく、室町期には京都や地方の小都市においても、労働力としての人夫を自由に雇用できるような環境が整っていて、荘民たちが京上夫を代銭納化できる条件もそろっていたのだろう。

## 泣き面に蜂

しかし、このとき荘民たちが訴訟に走ったのは、なによりまず、その代銭納額をめぐる不正が原因だった。この応永二九年の時期では、すでにこの地域では一人につき夫銭が五〇〇文という規定は守られなくなっており、いつのまにか夫銭は一人につき八〇〇文か、それ以上にまで跳ね上がってしまっていたのである。そして「京上十人、此内二人月別」という記述からもうかがえるように、ときには「月別京上」の規定を大きく超える京上夫の徴発もなされていたのである。

また、「公方役書上」によれば、この時期には代銭納化されているはずの京上夫でも、なかには「現夫」（実際の人夫）として京都まで派遣されてしまうこともあったらしい。しかも、いずれにしても人夫はいったん守護所の大野に集結させられるらしいのだが、そこで夫銭を支払わされたうえに、そのまま大野で数日間こき使われてしまうという例もざらにあった。さらに、実際に「現夫」で京都に行くとなれば、通常は往復八日間ほどの任務だったようなのだが、ときに拘束期間は不当に延長され、最長で二〇日間以上にもおよぶこともあったらしい。一連の荘民の注進状のなかには、以下のような泣きの涙の文章も見え隠れする。

現夫にてまいり《(参)》候時、にをもく《(荷重)》御おろし候間、ゑもち《(持)》申候ハで、夫料にてわひ《(詫)》申候、

（現夫で京上しようとしましたが、あまりに荷物が重くて下ろしたところ、もう担ぐことができないので、夫料を払うことで許してもらいました。）

あまりにおもく《(荷重)》、御をろし《(下)》（候）間、ゑもち申候ハで、わひ事申候、是なけき《(歎)》入候、立帰とてめされ候て、久《ひさしく》御とゝめ候事、不便《ふびん》候、

（あまりに荷物が重くて下ろしたところ、もう担ぐことができないので、その者は許してほしいと懇願したということです。後日、地元に帰って嘆いてきました。ところが、その後も彼は京都から帰るとすぐにそのまま守護所でこき使われて、長い間拘束されてしまったそうです。本当に気の毒な話です。）

もちろん、こうした巧みな泣き落としの文書を作成すること自体に、むしろ私たちは荘民たちのしたたかさを読みとらなければならないのであり、このレトリックをそのまま真実として受け止めるのは要注意である。しかし、それまでの経緯を考えれば、この負担自体が彼らにとって過重なものであったことはまちがいないだろう。

## 究極の格差社会

このほか「公方役書上」のなかで京上夫の仕事の具体的な内容がわかる記述に、七月の「たのむの物御もたセ候ハん……」とか、閏一〇月

の「御所御成《ごしょおなり》とて、現夫を八日まで御と丶め候」といった記述がある。このうち「たのむの物」は、当時、毎年八月一日に行われていた贈答儀礼である八朔《はっさく》の祝いをさしていると思われる（現在の「お中元」のルーツとされている）。しかし、ここでは八月一日の贈与品の運搬が七月に賦課されていることから考えて、在地から京都の畠山氏への贈与というよりは、むしろ京都で八月一日に畠山満家が室町殿などに贈与する予定の品物を前もって送り届けるという仕事なのではないだろうか。当時の記録のなかには「公家・門跡・武家、御憑《おたのむ》進上」と、ちょうどこのとき京都では政界をあげて「たのむの物」の応酬がなされていたことが記されている（『花営三代記《かえいさんだいき》』応永二九年八月一日条）。しかし、そうした能天気な祝祭は、一面で贈答品を調達・運搬する在地の荘民たちの存在によって支えられていたものだったのである。

あるいは、つぎの閏一〇月の「御所御成」などは、もっと象徴的な例かもしれない。ここでは、一人の「現夫」が「御所御成」を理由にして八日間、行った先の京都で足止めされたことが記されている。はたして『満済准后日記』応永二九年一一月二八日条を見ると、「御所様（足利義持）、初雪御賞翫《しょうがん》のため、管領（畠山満家）亭へ渡御《とぎょ》と云々」と、この年の一一月末に、実際に室町殿、足利義持が畠山満家邸を「雪見」のために訪問していたことが記されている。さぞかし義持も当日は上機嫌であったことだろう。しかし、ここでも、その裏側で紀伊国の名も知れぬ一人の百姓が故郷から引き離され、前月の閏一〇月から八日間にわたって不当に京都に足止めされたあげく、「御所御成」の準備に駆り出されてしまっていたのである。

　このように京上夫の実態を見てゆくと、首都における室町殿を頂点とした政界交流のありように在地社会の側が振り回されていた側面が無視できなくなってくる。興味深いことに、一連の「公方役書上」のなかの、ある荘園から提出された注進状のなかで、問題の「公方役」は、あえて「公方厄」と書き記されている。これはもちろん単なる誤記ではない。数ある注進状のなかには「二月・三月の分は地下逃散《ちょうさん》によ（っ）て御公事これなし」（古佐布郷）という記述も見えており、当時の在地社会では、それらの負担に対する抵抗として荘民たちが村を捨てて逃散するという事態すら起きていたことがうかがえる。まさに荘民たちにとって「公方役」とは「公方厄」の表記のとおり、災厄以外の何者でもなかったのである。

　しかも、これらの注進状は応永二九年一年間の「公方役」データしか伝えていないが、こうした実態はそれ以前からかなり慢性的なものになっていたらしい。高野山領での公方役（守護夫）は早くは応永一九年（一四一二）から確認できるが、そこでは高野山も公方役の存在に合意をあたえており、むしろ荘民らにしっかり公方役を勤仕することすら命じている。つまり、これ以前から高野山は、一定基準内であれば基本的には公方役の存在自体は容認しており、荘民が公方役を勤めるのはむしろ当然と考えていたのである。それに対し、こんどの応永二九年の事態は、守護方が夫銭を勝手に八〇〇文に値上げしたり、調子に乗ってむやみに荘民の徴発を行いはじめ高野山の合意を踏みにじる行為におよんだために、高野山も痺れを切らして訴訟に乗り出したにすぎない。荘民にとっての〝敵〟は、じつは守護だけではなかったのである。

### 用心棒としての守護

それは高野山領に生きた荘民たちに限った話ではない。この応永年間に、公・武の勢力均衡が保たれ「公武統一政権」「室町期荘園制」とよばれるような事態が到来したことで、人々はそれまでの荘園制的な収取に加えて、新たに公方役や守護役とよばれる武家側からの課役にも応じなければならなくなったのである。

応永二五年（一四一八）九月には播磨国鵤《いかるが》荘（兵庫県太子町《たいしちょう》）で、荘園領主法隆寺に抵抗した荘民たちが村を捨て、大規模な逃散を敢行するという事件が起きている。しかし、このとき荘園領主の法隆寺は、意外にも真っ先に播磨国守護赤松氏に交渉して、その圧倒的な軍事力でもって事件が早期解決するよう依頼してしまっている。まるで守護勢力を自らの〝用心棒〟として見ているかのようではないか。この時期、荘園領主と守護勢力は互いに牽制しあいながらも、共同歩調をとって荘民支配に当たっていたのである。これが

「応永の平和」とよばれるものの実態であった。

さきに「降雨日数から見た巨大飢饉の実態」で、異常気象とはいえ、それが大飢饉とよばれるまでにエスカレートするには、それ以前に人々のあいだに慢性的に食糧や物資が欠乏しているような状況があったのではないか、と述べた。実際、七〇頁の図3を見るかぎり、異常気象は一年間だけの話ではなく、それ以前から天候不順は継続していたようである。しかし、そうした気象条件に加えて、ここで述べたような「室町期荘園制」のシステムが人々の余剰を少なからず吸引していたのではないだろうか。でなければ、「室町期荘園制」が安定化した応永年間に、室町時代最大規模の応永の大飢饉が起きた理由が、論理的に説明できないように思う。応永の大飢饉の原因を考えるとき、自然災害だけではなく同時代の「室町期荘園制」が果たした政治的影響も総合的に位置づける必要があるだろう。

# 首都と田舎の物価格差

しかし、大飢饉をもたらした人間の営みは、なにも「室町期荘園制」や「公武統一政権」だけではない。

## 米価の騰貴

ここに、当時の首都と地方の関係（これを都鄙《とひ》関係とよぶ）を考えるうえで非常に興味深いデータがある。それは百瀬今朝雄《けさお》氏の作成による「室町時代における米価表」（図5）で、文献史料をもとに当時の京都と播磨国矢野荘（兵庫県相生《あいおい》市）の米価の変遷をグラフ化したものである。これを見ると、一五世紀前半の矢野荘では米価がきわめて安定的でほとんど変動していないのに対して、当時、京都では米価が異常なほどの高騰を見せていたことがわかる。グラフによれば、およそ京都の米価は矢野荘の一・七倍にものぼる。どうも室町時代の京都は、飢饉や凶作に関係なく慢性的に米価が高騰している状態にあっ

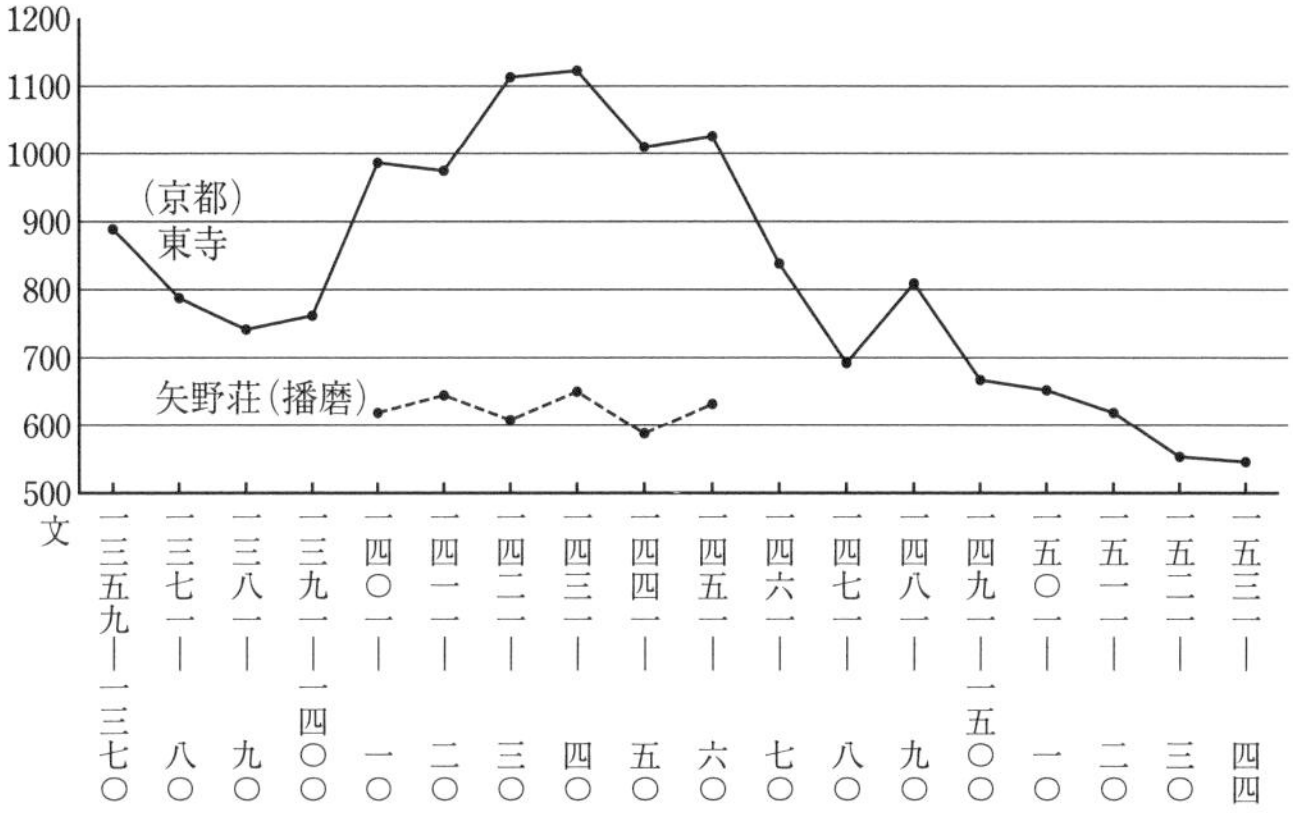


図５　室町時代の米価表（百瀬今朝雄「室町時代における米価表」より）

たようだ。荘園制の「安定期」として位置づけられている一五世紀前半、じつは首都京都と地方社会のあいだには、このように大きな不均衡が横たわっていたのである。では、いったいこの首都での米価高騰の原因は、何によるものなのだろうか。

もちろん即座に思い浮かぶのは、まず首都京都において地方からの供給を上まわる巨大な需要が存在したこと、つまり、この時期の京都の巨大消費地化という事態である。この時期の京都の家数は、かなり信頼できる史料には「二十万戸」と記されている。これは、この前後の時期の京都の家数にはるかに倍する驚異的な数値といえる。この時期、それまで公家・寺社の拠点であった京都は、新たに武家の政治拠点となったことを契機にして、異常な膨張をとげていたのである。それにより京都がつねに需要過多の状態にあったということは容易に想像されるところである。

このほか、この米価騰貴の背景には、「難民は首都をめざす」の章で詳述する都市への人口流入の問題や、都鄙間の流通を担う商人たちが寡占《かせん》化を推し進めたという物流機構上の問題なども見逃せない。

## 変貌する荘園制

しかし、それ以上に、この時期、全国の荘園で代銭納が一般化していたということが、もうひとつ、物価騰貴の要因として決して無視できないものがあった。代銭納とは、年貢や公事などを現物で納めずに銭で納める方式のことで、鎌倉後期あたりから各地の荘園で一般化していた現象である。私は、この代銭納の一般化という事態こそは、中世後期の荘園制の特質を考えるとき、最も重要な要素ではないかと考えている。これにより、生産地の側では、それまで貢納物として生産されていた物品が現地で売却・換金されることが進み、生産物が貢納物としてではなく商品として列島を縦横に駆けめぐる条件が整えられた。これが市場経済がより活発に展開してゆく素地となった。

そして、その反対に、この時期の京都の荘園領主は、それまでとは異なり、年貢・公事として納められた銭貨をもとに首都で必要物資を購入する、消費者としての性格を強くもつようになっていったのである。当時の京都での米価騰貴の原因は、たんに消費人口が増えたという「量」の問題ではなく、そこに集住する荘園領主たちが自給者から消費者へと「質」的な変化を遂げたという点にこそ求められなければならないだろう。かくして代銭納を採用した中世後期の荘園制は、市場経済を活性化させるとともに、みずからもがその市場経済のシステムのなかに組み込まれてしまう存在となったのである。

これにより荘園現地と首都京都のあいだには、それ以前は考えもおよばなかった事態がつぎつぎと起こることになる。たとえば、高橋慎一朗氏は、室町時代の公家山科家の人夫調達の仕組みを分析して、それらが荘園現地からの実際の労働力徴発（＝「現夫」）ではなく、荘民側が支払った「夫銭」によって京都の労働市場から日雇い人夫（＝「日様物《ひようのもの》」）を雇用したものだった、と指摘している。山科家の場合、本来、山科家領である播磨国下揖《しもい》保《ぼ》荘（兵庫県たつの市）からつれてこられるはずの人夫は、じつはお膝元の京都で調達された「京の者」であったという（『山科家礼記《やましなけらいき》』延徳四年三月二四日条）。さきに見た紀伊国の公方役の徴発も多くは「現夫」ではなく、「夫銭」の納入となっていた。おそらく、ここでも在京する守護は同じように、この「夫銭」で、京都や地方小都市の労働市場から日雇い人夫を調達していたのだろう。合理的といえば合理的といえるが、それまで荘園制や公方役にまとわりついていた様々な貢納や奉仕の意識は、ここでは金銭換算されることで抽象化され、捨象されてしまっている。長い目で見たとき、こうした現象が進展することは支配制度の形骸《けいがい》化につながる危険を帯びていたが、この時点では、まだ誰もそのことに気づいていないようである。

### 都鄙間物価をめぐる悲喜劇

それどころか、当面の問題としては、この時期、荘園制が市場経済に寄生するものにかたちを変えてしまったことで、都鄙間の物価格差の問題はストレートに荘園領主層にとっても深刻な問題となってしまっていた。

とりわけ、当時巨大な米価格差が生じていた京都と地方では、年貢米を現地の安い米価で換貨して京都に送り、それをもとに京都の高い米価で買米すると、ともすれば荘園領主は多大な損失をこうむることになってしまうのである。その損失は、米一石につき平均約四〇〇文もの価格差が生じていた東寺領矢野荘（年貢総計額面約二〇〇石）と京都の場合、計算上は、年間約八〇貫文にもおよぶ。この時期、都鄙間の物価格差からくる荘園年貢の目減りは、放っておけば、武士による「荘園侵略」や百姓による年貢未済闘争と同程度、ないしそれ以上の損失を荘園領主にあたえかねないものだったのである。代銭納の普及によって生じた貢納や奉仕の形骸化や都鄙間の物価格差の問題は、このさき荘園制自体を侵食してゆく大きな要因ともなっていくのである。

しかし、荘園領主とて、そうした問題に黙って耐えているわけではなかった。応永の大飢饉の最中の応永二八年二月、京都の東寺の僧侶たちは、矢野荘の年貢をめぐって真剣な議論を行っている（『廿《にじゅう》一《いっ》口《く》供《く》僧《そう》方《がた》評《ひょう》定《じょう》引《ひき》付《つけ》』）。このとき、矢野荘の年貢は大飢饉の被害により一〇〇石分を減免することになっていた。このままでは東寺の僧侶たちにとっても深刻な収入減となってしまう事態だったが、しかし、彼らはこのとき驚くべき計算高さを見せている。

そのときの会議の議事録によれば、彼らは「当庄去年損亡《そんもう》、百石免ぜらる。しかりといえども和市《わし》高々たるべきのあいだ、年貢運送分みな減少すべからざるか」との見通しを述べている。つまり、今年は飢饉により矢野荘の年貢は一〇〇石減少したが、逆に飢饉により現地の「和市」（米価）は高騰しているはずなので、ここで換金すれば、少ない年貢米でも実際に京都に運ばれてくる代銭の総額はさして減少しないのではないか、というのである。なんという細かい気のまわし方だろう。すでに述べたように、一方で怨霊や呪術といった非合理的なものに傾斜しつつも、こうした問題については現代人並みの卓越した合理的感覚を磨いているのが、この時代の人々の大きな特徴なのである。とくに彼らの場合、その計算のなかでは現実の農作物の豊凶状況よりも、年貢米の換貨レートのほうが重要な問題になってしまっているというのが象徴的である。貨幣を媒介にすることで、現地の実情はもはや抽象化され、そこから遊離した数字の世界がなにより重視されるという状況が、この時期の荘園制の実態なのである。

ちなみに、残念ながら、このときの東寺の僧侶たちの目論見《もくろみ》は、現実にはまったく外れてしまうことになる。期待に反して、けっきょく実際に彼らのもとに届いた代銭額は微々たるものだった。彼らは自分たちの住んでいる京都の米価で「とらぬ狸の皮算用」を行ったらしいが、現地の米価は飢饉がおきても京都ほどには高騰していなかったのである。複雑な市場原理のなかで、物価格差を利用して利益を得ようというのは、そう簡単に素人にはできないことだったようだ。

## 利ざやを稼ぐ商魂

ただ、ここまで地方と首都のあいだに物価格差が広がると、東寺の僧侶たちならずとも、それに目をつけて、ひと儲けを企む輩《やから》が現れるのは当然のことであった。なにせ同じ商品でも、それを京都に持ってゆくだけで、二倍近い値段で売れるというのだから。これに飛びつかない手はない。

たとえば、やはり飢饉が深刻化しようとしていた宝徳《ほうとく》元年（一四四九）七月には、大和国から京都へ輸出する米は一日二〇駄もあったという。しかし、そのために大和国では「これにより和市等、ことのほか減少せしめおわんぬ。当国の衰微なり」、つまり、あまりに大量の米が京都へ持ち出されてしまったために、こんどは大和国内で米不足が起きて売買が低迷してしまい、逆に「当国の衰微」という事態になってしまったという（『経覚《きょうがく》私要鈔《しようしょう》』）。

また、応仁の乱以後の話になるが、長享《ちょうきょう》元年（一四八七）九月には東寺領の上久世荘《かみくぜ》（京都市南区）で、年貢を滞納しておきながらも荘民たちが頻繁に手元の米を京都に売りに出かけているという事態が明らかになっている。この呆れた実態を知った東寺は、慌てて上久世荘から京都へつながる道に番人を立てて米の輸出を阻止することを審議しているほどである（『鎮守八幡宮供僧評定引付』）。当時の人々は私たちが想像する以上に損得や物価に敏感で、自分の地元が米不足になろうが、荘園の年貢を多少滞納しようが、その分の米を物価の高い京都で売りさばいて利ざやを稼ごうという商魂を良くも悪しくも身につけていたのである。

似たような現象は、すでに室町幕府成立以前から見られるものだったらしく、建武《けんむ》二年（一三三五）九月には、早くも奈良の興福寺が「売買米京都へ運上のこと停止《ちょうじ》候」と、京都への米の輸出禁止命令を出していることが確認できる（『大乗院奉行引付』）。きっと、このときも商人や農民たちが競って米を輸出してしまったために、奈良で米不足、もしくは米価の高騰という事態がおきてしまっていたのだろう。一五世紀を通じて継続した慢性的な京都の物価高騰という事態は、それでひと儲けしようという投機的な人々の活動をつよく刺激し、この時期に多くの物資を京都に集中させてしまったようである。そして、その京都をめざす物資の奔流は、ときには生産地に混乱や荒廃を招くことすらあったが、この間、決して止むことはなかったのである。

なお、室町時代は一方で遠隔地取引のための割符《さいふ》（為替《かわせ》取引）が大きく発達した時代としてもよく知られている。最近、伊藤啓介氏は、この時期の割符には、都鄙間の物価格差を利用して商品販売益を得ようとする遠隔地商人が地方で商品を仕入れるための資金調達手段としての役割があったのではないかと指摘している。だとすれば、ながく室町期の商業発展の指標とされてきた割符の発達すらも、この時期独特の都鄙間物価格差によって生み出されたものだったということになる。

## なぜ生産地が飢えるのか

この時期、こうして列島の富は確実に首都京都という一点に集中的に流れ込んでいた。しかし、当時の京都への富の一極集中という事態は、決して荘園制に基づく貢納物の移動だけでもたらされたわけではない。ことの性格上、史料のうえにはあまりその痕跡を残さないが、貢納物の移動をはるかにうわまわる商品物の移動のうえに当時の京都の繁栄は成り立っていたのである。だとすれば、地元の経済が混乱するにもかかわらず、目先の欲にかられて次々と物資を京都へ搬送していた商人や農民たちの存在は、「室町期荘園制」の構造以上に地方社会に大きな圧迫をあたえていたことになるだろう。都鄙間物価の不均衡によって生じた一方通行の物流の波は、地方社会を枯渇させ、まちがいなく大飢饉に拍車をかける大きな要因のひとつとなっていたはずである。このあと「難民は首都をめざす」の章で詳述するが、室町時代には大飢饉が起きると、生産地であるはずの農村からさきに飢餓が起こり、難民が農村を捨てて消費地であるはずの都市をめざすという不可思議な現象がしばしば起きている。生産地に物資がないのに、消費地には物資がある——、この逆説《パラドックス》を生み出した主要因については、まだあまりよくわかっていないのだが、私は、都鄙間の物価格差を利用して利殖に走る、こうした商人や農民たちの活動が一つには大きな役割を果たしていたように思う。

けっきょく、「なぜ巨大飢饉は起きたのか？」。その解答は決して単一ではない。原因を自然現象ひとつに絞ったとしても、それは旱魃か長雨かのどちらか一方だけ、ということはありえなかった。まして、人間の活動まで視野に収めたとき、政治的な枠組みとしての荘園制や守護制度だけではなく、経済的な枠組みとしての商品流通も深刻な要因となりえた。それらが不幸にも複合的なかたちで重なりあったとき、未曾有の大飢饉は起きてしまったのである。

しかし、地域社会に飢饉の暗雲が迫っていた頃、「応永の平和」ともよばれる束の間の安定のなか、首都では「御所御成」や「たのむの物」をはじめとして、飽食と享楽の日々はあいも変わらずに繰り広げられていた。彼らには、そこで蕩尽《とうじん》される物資がどのような人々の犠牲のうえで彼らのもとにまで届けられたのか、という内省はもちろんない。そこでは、本膳《ほんぜん》料理とよばれる食べきれないほどの山海の珍味が卓上を飾り、暴飲暴食の果ての嘔吐までが「当座会《とうざのえ》」という一種の余興として歓迎される始末だった。首都と地方の不均衡はしだいに拡大してゆき、矛盾は確実に蓄積されてゆくことになる。そうした室町社会の様々な構造的矛盾が一気に噴出したのが、ほかならぬ応永の大飢饉だったのである。

# 足利義持の「徳政」

# 朝鮮官人の目撃した飢餓列島

かくして大飢饉は起こった——。

## 『老松堂日本行録』

しかし、この大飢饉真っ只中の応永二七年（一四二〇）に、日本を訪れた一人の外国人がいた。彼の名は宋希璟《ソンギヒヨン》（一三七六～一四四六）。朝鮮王朝の官人である。当時四五歳の彼は前年の朝鮮軍の対馬襲撃一件の後、こじれにこじれた日朝関係を修復するために朝鮮王朝から派遣されてきたのである。すでに述べたように、このときの朝鮮軍の対馬襲撃の報《しらせ》は日本国内の宗教勢力によって必要以上に捻じ曲げて伝えられ、多くの日本人はこのときの対馬襲撃事件を蒙古・明・朝鮮連合軍による日本本土への大遠征計画の一環として受けとめていた。そのために、朝鮮王朝から宋希璟に課せられた重要任務のひとつは、まずなによりも訪日して室町殿・足利義持に対面し、その疑念を払拭することにあった。

彼ら一行は、この年の閏正月にソウルを出発し、瀬戸内を経由して四月に京都に到着、一〇月にソウルに帰還する。この間、九ヵ月ほどの日本での滞在生活を、彼は『老松堂《ろうしょうどう》日本行録《にほんこうろく》』という詩文集にまとめている。そこには三毛作の普及や瀬戸内海の海賊の生態など、国内史料にも描かれていない当時の日本の風俗が克明に詠みこまれており、そのため、これまでも『老松堂日本行録』は、室町日本を実見した外国人の貴重な観察録として大いに歴史研究者の注目を集めてきた。しかし、本書の関心からすれば、彼が日本に滞在した九ヵ月間は、ちょうど応永の大飢饉の惨禍が顕在化してくる時期にあたり、以下に見るように、実際に彼の見聞のなかにも大飢饉の影響をうかがわせる記述が少なからず見うけられる。「室町人の〝死〟と〝生〟」の章で述べた「日本では男よりも女の数が倍で、市中は遊女であふれている」という証言なども、この『老松堂日本行録』から引用したものである。その意味で、彼は応永の大飢饉の貴重な目撃者の一人でもあり、彼の書いた『老松堂日本行録』は大飢饉の格好の目撃証言だったともいえる。

以下では、しばらく異邦人である彼の眼で、応永の大飢饉の兆《きざ》しを見てゆくことにしよう（なお、『老松堂日本行録』の月日表記では明国の暦が使用されており、厳密には当時の和暦とは一～二日間のズレが存在する。ただし、さいわい本書が言及する月日に関しては、明暦と和

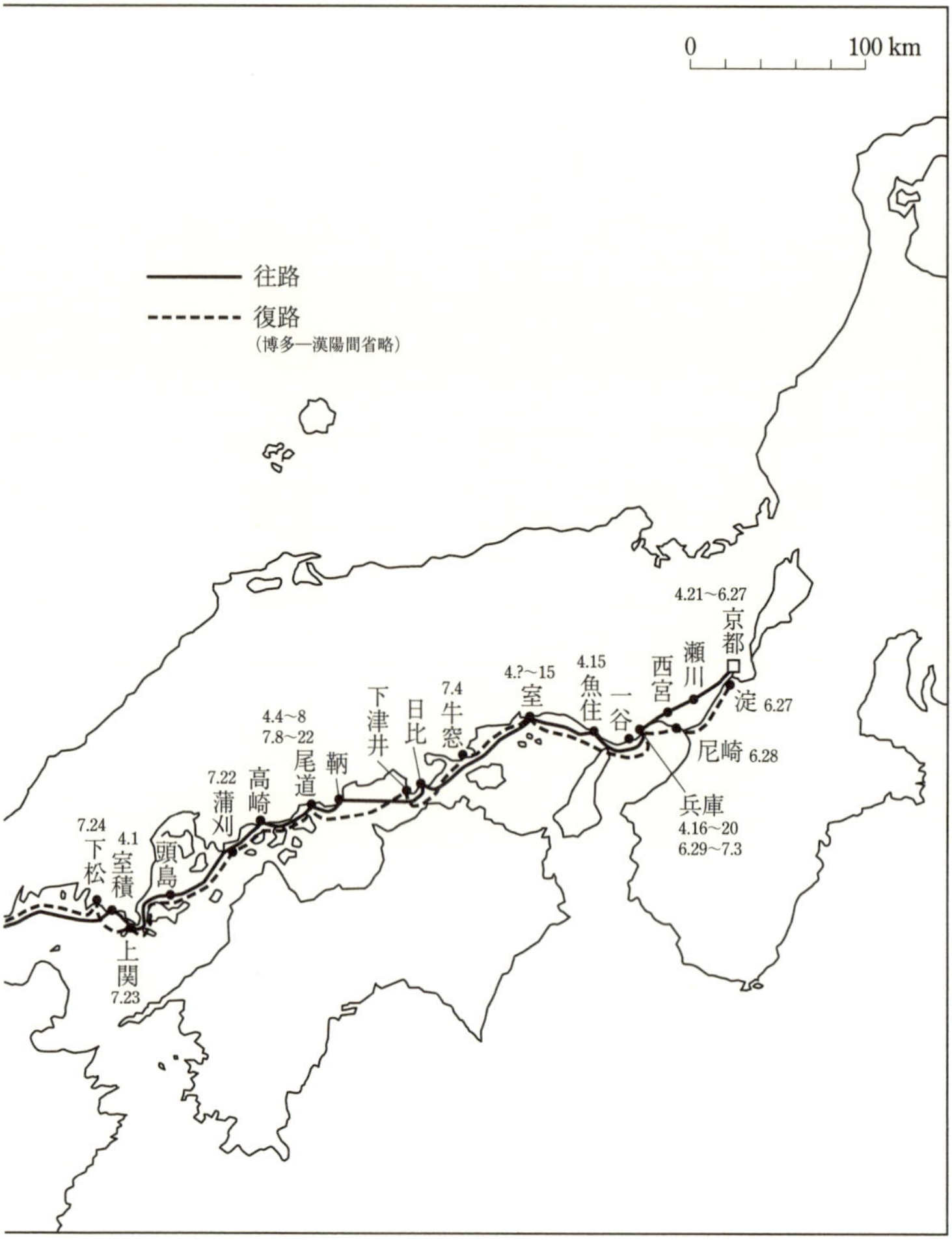


（村井章介校注『老松堂日本行録』より）

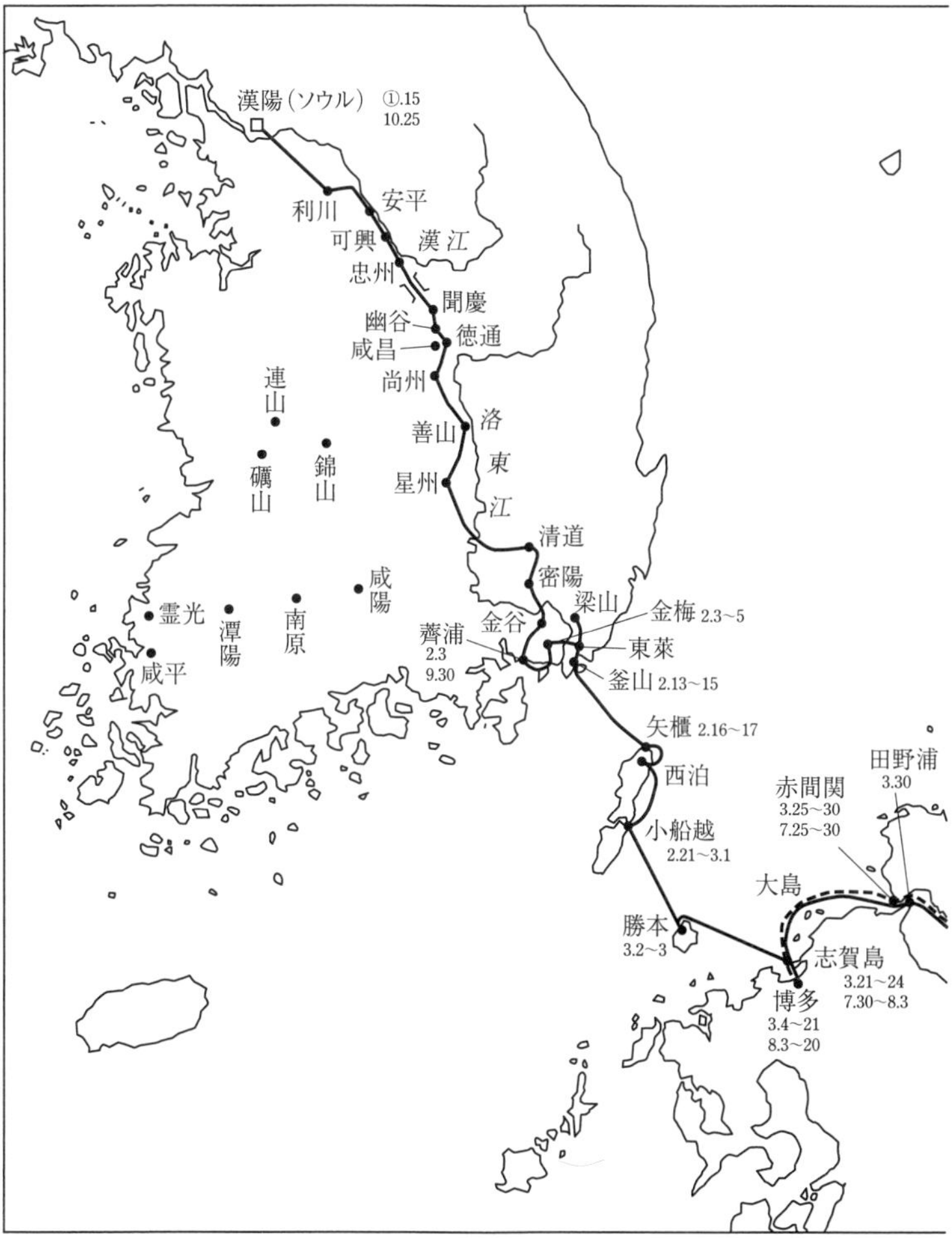
漢陽(ソウル)
①.15
10.25
利川
安平
可興
漢江
忠州
聞慶
幽谷
徳通
咸昌
尚州
連山
洛
東
江
善山
礪山
錦山
星州
清道
密陽
咸陽
梁山
金梅 2.3~5
霊光
潭陽
南原
金谷
薺浦
2.3
9.30
東萊
咸平
釜山 2.13~15
矢櫃 2.16~17
西泊
田野浦
3.30
赤間関
3.25~30
7.25~30
小船越
2.21~3.1
大島
勝本
3.2~3
志賀島
3.21~24
7.30~8.3
博多
3.4~21
8.3~20

図6　宋希璟の行路

暦が一致しているため問題は生じない)。

## 飢饉のきざし

まず、海を渡った彼らの一行は、二月一六日(新暦四月八日)、前年の衝突の舞台となった対馬を訪れる。このときの島の印象を、彼は「この島の倭奴、頻りに菜色あり。飢饉丁寧なり」と記している。つまり、対馬島に住む人々はみな青菜のような飢えた青白い顔色をしている、この島が飢饉状態にあることは確実だ、というのだ。そもそも対馬は耕地に乏しく、人々の生業は朝鮮との交易によって成り立っていた。それが前年の事件をきっかけにした日朝間の断交により叶わなくなった結果、人々は飢餓状態に陥ってしまったのだろう。

ここで、七〇頁の一四二〇年の降雨日数のグラフをもういちど振り返ってみよう。そこでなにより注目すべきは、新暦四月～五月の降雨日数の圧倒的な少なさ、である。とくに五月に三日しか雨が降らないというのは、かなり異常である。「琵琶湖の湖水が三町も後退し、淀川は船なしでも渡れる」(『立川寺年代記』)とまでいわれたのは、ちょうどこの頃のことである。古記録によれば、当時の農民は旧暦四月下旬～五月上旬に田植えを行ったようであるが(『政基公旅引付』『山科家礼記』)、これは新暦に直すと、ほぼ五月下旬から六月上旬ということになる。だとすれば、おそらくこの年は、田植えをしようにも水田に水を引くことができず、農民たちはかなりの難儀を強いられていたものと思われる。希璟の一行が瀬戸内を航行していたのは、そんな頃だった。

京都をめざす希璟の一行は四月二〇日（新暦六月一〇日）に摂津《せっつ》国西宮（兵庫県西宮市）を通る。そこで彼は以下のような詩を読んでいる（原文は漢詩）。

処々の神堂・処々の僧
人に遊手《ゆうしゅ》多く、畦丁《けいてい》少なし
耕鑿《こうさく》に余事なしというといえども
つねに聴く飢民の食を乞うる声

つまり、当時の日本では、神主や僧侶など農業に従事しない者ばかりが多く、本当に農業に精を出している者が少ない、そのために、彼らはまじめに耕作に励んでいるとはいうものの、巷には乞食が物乞いをする声があふれている、という。この詩の内容については、彼がこのとき通過した西宮という場所が当時においては西宮戎社《えびすしゃ》の門前に栄えた〝都市的な場〟であり、当然ながら非農業民の比重が高かったであろうことを割り引いて理解しなければならない（神社の門前にたむろする乞食も多かったはずだ）。ただ、彼はこの詩に続いて「日本は人多し。また飢人多く、また残疾多し。処々の路辺に会坐し、行人に逢えば則《すなわ》ち銭を乞う」とも述べており、実際に当時の日本には対馬や西宮に限らず「飢人」（飢餓難民）や「残疾」（病人）が多くいて、彼らが路上で物乞いをしている姿がよく見かけられたのは事実だったようだ。時期は、まだ四月（新暦六月）である。大飢饉が猛威を振るうのは、まだこれからというときに、これ以前の数年来の天候不順をうけて、すでに地方の小都市は田畠を捨て零落《れいらく》してゆく人々であふれはじめていたのである。

また、彼の一行は瀬戸内海を船で京都を目指していたが、そこでたびたび海賊の噂を耳にし、また実際に遭遇もしている。ときには、東シナ海上で日本人漁民によって拉致され売られてゆく中国人奴隷を目撃したりもしている。そのとき彼は、その中国人から泣きながら救出を求められるが、日本人漁民から「米をくれるっていうんなら、こいつを売ってやる。さあ、買うのか、買わねえのか」とすごまれて、けっきょく返す言葉を失ってしまっている。

当時の東シナ海や瀬戸内海は海賊の巣窟《そうくつ》で、そのなかで拉致され転売され、運命を翻弄される人々も後を絶たなかったのである。これにかぎらず、総じて『老松堂日本行録』には海賊の生態をうかがわせる記述が数多いが、あるいは、これも大飢饉に直面している人々の生活実態を反映したものであったのかもしれない。農業に従事したとしても満足に食べてゆけないとすれば、生きてゆくには他人の物を手に入れるしかない。それを相手の承諾のうえで行えば「乞食」であり、承諾なしに行えば「海賊」である。どちらにも大きな差はない。乞食になるか、海賊になるか、低生産のなかで地方社会に生きた人々は苦渋の選択を迫られていたのかもしれない。

## タケノコ泥棒

その状況は花の都に生きる人々においても変わりはなかった。京都に到着した彼ら一行は、仁和寺《にんなじ》のそばの深修庵《しんしゅうあん》という尼寺を宿舎にあてがわれ、そこに四月から六月まで二ヵ月ほど滞在することになった。しかし、その深修庵では四月二三日（新暦六月一三日）、滞在二日目にして、物騒な出来事が起きている。日没前後に彼が部屋にいると、突然の怒号。なにかと思えば、宿舎の護衛係である甲斐《かい》氏配下の侍たちが弓や刀を持って、「賊が来た！」といっては、次々と隣の竹林に駆け込んでゆく。突然のことにうろたえ慌てる彼とは対照的に、彼の従者や通訳たちはいずれも勇ましく剣を手にして、彼の身を守るために続々と彼の部屋に馳せ参じてくる。しばしの緊張の後、一人の侍が彼のもとに来て報告した。

「タケノコを盗みに来た泥棒でした。どうかご心配なく」。

タケノコ泥棒……？　時節は日朝関係最悪のおりである。そういわれても安心できない彼は、翌日、自分の命を狙う賊が宿舎を襲撃しに来たという趣旨のことを足利義持に伝えるべく、震える手で筆をとっている。しかし、どうもその夜の「賊」の正体は、本当にタケノコ泥棒だったらしい。いまでも寺院の周囲などの竹藪にはタケノコはつきものであり、ちょうどこのときも季節は新暦六月、タケノコの季節であった。ただ、この時期は後述するように中世の農事暦では、秋の収穫を食べつくし畠作物の収穫を前にして、食糧が最も欠乏するシーズンでもあった。そのために、食に窮した中世の人々がタケノコをもとめて、争って竹藪に入るということは、当時、しばしば見られる現象だったらしい。実際に、当時の寺院の禁制などにもタケノコの無断採取を禁じたものは、けっこう多い。また、狂言のなかにも「竹子」という演目があるぐらいだが、その主題は、敷地を越えて生えたタケノコの帰属をめぐる隣人同士の争いである。こうしたことからすると、飢餓線上にいた中世日本の人々にとってタケノコは、たんに旬の美味という以上の意味があったと考えるべきかもしれない。当時の人々にとってタケノコは備荒《びこう》食物《しょくもつ》としての意味を併せもっていたのである。

けっきょく、このとき警護係の甲斐氏は、繰り返し昨夜の賊の正体はタケノコ泥棒であることを希璟に説き、ついに彼に義持への報告を思いとどまらせている。希璟はなかなか信用しなかったようだが、あるいは当時の日本人にとっては、この時期にタケノコ泥棒と聞けば「ああ、またあれか……」という程度の、端境期《はざかいき》のごく日常的な出来事だったのかもしれない。

七〇頁のグラフを見ると、グラフのうえでは応永二七年（一四二〇）新暦六月に一〇日の降雨日数が記録され、まとまった雨があったかのように読める。しかし、現実はそうではなかったようだ。このときの雨はそもそも雨量自体が少なかったのか、降ってもすぐに止んでしまうものだったらしい。当時の記録には、六月に入って旱魃を憂える記事がいよいよ散見されるようになってくる。梅雨時の降雨は稲の生育にとって最も大事なものである。しかし、グラフの印象に反して、このときの現実の天候はまったくの空梅雨《からつゆ》だったのだ。朝廷もそうした状況を案じて、四月一九日（新暦六月九日）には諸々の神社に祈雨奉《きうほう》幣《べい》を行っている。しかし、それもさしたる効果がないまま、五月六日（新暦六月二五日）になると、朝廷はさらに二度目の祈雨奉幣を行うことになる（『師郷記《もろさとき》』）。破滅の時は刻一刻と迫っていた。

## 君子豹変す？

そんななか、宋希璟は最終的には六月一六日（新暦八月四日）に、どうにか本来の彼の任務である義持との対面に成功している。しかし、そこに行き着くまでの経緯は、やはりなかなか困難なものがあった。まずなにより、当の義持の朝鮮に対する感情が最悪だった。

図７　足利義持像（神護寺所蔵）

考えてみれば、すでに述べたように、対馬襲撃事件直前に来日した明国使節呂淵は、交渉が決裂するにおよんで「おまえらはせいぜい城壁を高くこしらえて、堀を深く掘って、わが軍の襲来に備えるがいい！」と、ほとんど宣戦布告ともとれる永楽帝の言葉を捨て台詞《ぜりふ》にして席を立っていた。これを聞いた義持は、怒りのあまり瀬戸内の海賊に呂淵の殺害命令まで出したといわれるぐらいである（さいわい呂淵は難を逃れた）。そして、はたして、その翌年に対馬襲撃事件が起こる。当時の流言の影響もあって、義持はこれを明・朝鮮らの策謀と理解して怒りを爆発させ、すぐに兵船を集めて朝鮮に出兵し、当初、真剣に報復攻撃に出ようとしていたらしい。とてもではないが、誰の眼にも彼の強い敵愾心《てきがいしん》を解きほぐすのは容易ではないように思われた。

ところが、この義持が六月になって、急に朝鮮使節との対面に応じたのである。その背景には、もちろん希璟による必死の交渉があったことはいうまでもない。彼は、帰化中国人二世で幕府の外交使接待役だった陳外郎《ちんういろう》や、拉致中国人として波乱の人生を送った魏天《ぎてん》といった在日の国際人《コスモポリタン》を通じて、対馬襲撃事件についての朝鮮側の真意を繰り返し訴えた。いわく、そもそも朝鮮が対馬を襲撃した理由は、それまで恩義をあたえていたにもかかわらず対馬の者どもが昨年あたりから朝鮮本土を侵略するようになったことに原因があること、また、あくまで対馬襲撃はそうした行為に対する「征伐」であり、ゆめゆめ朝鮮側は日本本土に手出しする気などないこと、さらには今回、親交の証として日本側が望む大蔵《だいぞう》経《きょう》を贈与するのだということ。これらのことを希璟は誠意を尽くして切々と説いた。

しかし、直接的には義持の敵意をやわらげたのは、こうした希璟の理屈ではなかった。京都に滞在して一週間ほどが過ぎた五月一日（新暦六月二〇日）、希璟はこの日から日本の人々がみな魚肉を口にしなくなるという不思議な話を耳にする。奇妙に思って周囲の者にわけを尋ねてみると、この五月が義持の父である義満の一三回忌なのだという。そのために義持は父の供養のために殺生を忌み、周囲の者たちに魚肉を食べることを禁じているらしい。このことを知った希璟は「この国の人々が魚肉を食べないのに、我らだけが魚肉を口にするというわけにはいかないだろう。ならば我らも……」と、殊勝にも、この日をさかいに一切の魚肉を絶ったのである。このことは、すぐに義持の耳にまで届き、これが結果的に義持の希璟らに対する態度を一変させることになった。

## 室町殿の歓喜

話を聞いた義持は愁眉《しゅうび》を開き、周囲の者も驚くほど、まさに「感喜々々したり」という様子だったという。そうか、そうか、朝鮮人までが私の真意を理解してくれたか！　このとき義持が希璟の態度に無類の感動を示したことは、よほど周囲の者にも意外なことだったらしく、このあと希璟のもとにも「お喜びください」と、日本側から三度も四度も報告がなされることになる。なぜこんなことで……？

ことのなりゆきにいちばん驚いたのは、あるいは希璟自身だったかもしれない。

やがて六月、希璟ら一行は嵯峨《さが》の宝幢寺《ほうどうじ》という、再興されて間もない巨大な禅寺に招かれて、ついに義持と正式の対面を果たす。このとき朝鮮国王からの国書は無事に義持に手交された。その瞬間、希璟の半年間におよぶ苦難の任務は晴れて成就したのである。これにより対馬襲撃事件以来の疑心暗鬼に一応の終止符が打たれ、両国のあいだの緊張は国家首脳レベルではひとまず緩和されることになった。

ところで、あれほど強硬な姿勢を崩さなかった義持が、なぜこのときは「魚肉」の件を契機にして彼らに心を開いたのだろうか。このとき義持、三五歳。そもそも、この足利義持という人物、いったいどういう人物だったのだろう。そして、彼はこの国の最高権力者として、迫り来る大飢饉に対して、どのような対策を講じたのだろうか。

# 室町殿の禁酒令

## 足利義持という男

足利義持は、至徳《しとく》三年（一三八六）二月、三代将軍義満の嫡男として生まれた。当時、半世紀以上も続いた南北朝内乱は義満の絶妙な政治力によってほぼ収束の兆しを見せはじめており、室町幕府の基盤は揺るぎないものになりつつあった。そのため、応永元年（一三九四）一二月、義満は、まだ九歳の義持を早々に元服させ、同時に将軍職をあっさりと譲ってしまう。みずからは北山第《きたやまてい》にあって、さらに自由な立場から積極的に政治を動かそうという目論見であった。これにより、義持は物心がついた頃には、すでに名前だけの征夷大将軍《せいいたいしょうぐん》にまつりあげられ、強大な父義満の遠隔操作をうける傀儡《かいらい》将軍の立場に置かれることになっていたのである。この一事だけでも彼の人格形成に少なからぬ屈折をもたらしたであろうことは、現代の私たちには容易に想像できるのだが、しかし、この後、彼の立場はさらに微妙なものになってゆく。

一度は将軍職を譲ったものの、なぜか義満は義持が成長するにおよんで、しだいに彼を疎《うと》んじるようになっていった。元来、義満という人物は、どちらかといえば図々しいまでに豪放磊落《ごうほうらいらく》で、軽口や冗談を好む派手で陽気な性格の持ち主であり、その鷹揚《おうよう》な性格が、脆弱だった幕府の力を盛り返すのに大きく寄与したともいえる。しかし、その一方で義持は内向的で陰気なところがあり、その点で二人は親子とは思えないほど正反対の性格の持ち主だった。あるいは、義持が成人するにおよんで、義満が彼を疎んじはじめたのも、義満にしてみれば、そうした息子の地味で沈潜型の性格が心底いらだたしかったのかもしれない。やがて義満の寵愛は、晩年にはむしろ異母弟の義嗣のほうに傾いていった。応永一五年（一四〇八）には、義満は一度仏門に入れた義嗣を還俗《げんぞく》させ、内裏《だいり》において親王の儀に准じた破格の元服式を行わせるまでにいたる。このまま行けば、早晩、政権の後継者は義持から義嗣にすげ替えられることだろう、と誰もが予期した瞬間、運命のいたずらか、当の義満が五一歳で急死をとげてしまうのである。

あまりに急な死去であったために義満は後継者についての意志表示をする間もなく、このときは老臣・斯波義将《しばよしゆき》（一三五〇～一四一〇）の鶴の一声で、義持が幕府の後継者として推戴《すいたい》されることになる。ここに義持は二三歳で、名実ともに幕府の最高権力者の地位を手に入れることになったのである（その後、義嗣に悲劇が待ちうけていたことは、「謎の異国船襲来」の章で既述のとおりである）。しかし、これまでの鬱屈を余儀なくされた彼の前半生は、もともと内向的な彼の人格にさらなる複雑な屈折をあたえてしまっていた。彼は幕府の実権を手に入れると、次々と前代の義満時代の施策をひっくり返しはじめる。朝廷からの義満への「太上法皇」号の追贈をこともなげに拒絶したのにはじまり、義満が精魂こめて建設した北山第を惜しげもなく破却。ついで、みずからの居所も、義満の造営した室町の〝花の御所〟を放棄して、尊氏・義詮《よしあきら》以来の三条坊門邸に移す。さらには、義満が開拓した日明貿易すらも、義持の代にはあっさりと断交してしまう。これら義持の一連の行動の背景に、偉大な父義満へのコンプレックスと反発があったことは疑いないだろう。

## 為政者としての自覚

しかし、義持の政治は、ひたすら義満政治の否定で終わったわけではなかった。たとえば、中世日本に生きた人々は、みな文書を発給《はっきゅう》するときに花押《かおう》とよばれるサインを記す。その花押の形状は千差万別で、南北朝時代ぐらいまでは父祖の花押をアレンジしたものや、自分の名前の文字を図案化したものを用いるのが常だった。たとえば、義満も、武家様《ぶけよう》花押といわれるものは父祖の花押のスタイルを継承したものであるし、もう一方の公家様《くげよう》花押は義満の「義」の字を図案化したものであった。とくに足利将軍家は、このあとの義教も義政も、みな公家様花押については

図8　足利義満(右)と足利義持(左)の花押

「義」を図案化したものを継承している。

ところが、興味深いことに義持だけは、公家様花押に「義」の字を使わず、「慈」という文字を図案化したものを用いているのだ（義持の武家様花押は残されていない）（図8参照）。義持はみずからの花押に本人識別という意味にとどまらない、為政者としての理想である慈悲の「慈」の字を積極的に採用したのである。こうした発想は、この後の戦国大名の花押になれば、しばしば見られるものであり、さして珍しいことではない。しかし、古代から現代までの歴史上の花押について広く分析した佐藤進一氏によれば、日本史上、花押にみずからの理想や願望を込めたのは、この義持の「慈」花押が最初であるという。ここからも、彼自身が同時代人としては過剰なほどに為政者としての自覚をもち、父義満すらも超える大きな抱負を胸に秘めていたことがうかがえるだろう。

とくに彼の場合、それは仏教と政治の融合を目指すという、かなり特異なかたちをとった。なかでも当時隆盛をきわめていた禅宗に対する彼の傾倒ぶりは、常軌を逸するほどのものがあったといわれている。それ以前、義満の時代にも禅宗は厚く保護され、義満自身、義堂周信《ぎどうしゅうしん》をはじめとする禅僧に深く帰依していた。しかし、義満の禅への傾倒は、彼自身の〝あたらしもの好き〟という性格もあって、ある種のファッションとして禅をとらえていたようなところがあり、信仰や思想としてそれを深めてゆこうという意識はまったく希薄だった。義持はそうしたミーハーな父を横目で見ながら、いつしか禅の教義をみずからの血肉として取り込んでゆこうとする厳格な姿勢を示すようになっていった。

彼の発給した文書のなかには、みずからの名前のかわりに「菩薩戒の弟子」と署名したものまでが見られる（「東寺百合文書《とうじひゃくごうもんじょ》」）。これは将軍の署名としてはきわめて異例なもので、ここからも彼が為政者としての自身の立場と敬虔な一仏弟子としての立場を本気で両立させようとしていたことがうかがえる。これにかぎらず、彼は仏神全般に強い帰依《きえ》の態度を示したが、とくに禅宗については生前「我が宗」とまで呼んではばからなかった。しかも、それはたんに表面的なものではなく、相国寺で法会を聴聞したときには、長老に対して経典の「等為法界《テンイヤハカイ》」の「等」字と「為」字のあいだに「懺雪罪愆増延福寿《サンセスイケンスンエンフジユ》」の語が抜けていることを指摘し、注意したという逸話まで残されているぐらいである。

さらには、足利尊氏以来、京都の五山《ござん》を牛耳ってきた夢窓《むそう》派を憎み、その突き崩しを試み、夢窓派以外の僧侶を多量に相国寺へ送り込んでいる。またその逆に、五山を捨てて林下《りんか》に隠棲しようとする高僧に異常な執着を示し、執拗にどこまでも追いかけまわすということをたびたび行っている。つまり、彼は既存の禅宗をただ盲信するのではなく、自分なりに禅について知悉《ちしつ》したうえで、禅宗寺院の現状をみずからの思い描く理想像に少しでも近づけようと意を傾けていたらしい。とくに彼の場合、それは禅の本家である中国禅への回帰を目指すという原理主義的な志向性となって現われた。

義持といえば対外関係史上においては義満の開始した日明貿易を断交した人物として知られているが、彼の個人的な嗜好としての中国文化への傾倒ぶりは、意外にも父義満を十分に凌ぐものだったといえる。たしかに金閣寺や銀閣寺で知られる父義満や甥義政などに比べれば、足利義持という人物は歴史的にはまったく影の薄い存在である。しかし、彼は彼なりに、前後の時代の室町殿とはまったく異なる、高度に精神的《スピリチュアル》なかたちで新たな秩序をうち立てることを模索していたのだ。

### 前代未聞の禁酒令

さて、その義持の治世を未曾有の大飢饉が襲った。彼はこの応永の大飢饉の前後、はたしてどのような飢饉対策を講じたのだろうか。

ここで注目されるのが、彼が大飢饉の前後に数度にわたって発した、風変わりな禁酒令の存在である。禁酒を命じる法令というのは、アメリカの一九二〇年代の禁酒法が有名だが、日本の歴史においては、あまり一般的なものではない。では、それはいったい、いかなる意図のもとに出されたものなのだろうか。

大飢饉の起きる前年である応永二六年（一四一九）一〇月、その義持による最初の禁酒令は発令された。この禁酒令は、五山の相国寺と建仁寺《けんにんじ》にその内容が伝えられている。応永二六年一〇月九日付で「山門条々規式《さんもんじょうじょうきしき》」と題された文書がそれで、義持が各寺院内の法規を定めたものである。この文書のなかに「一、酒を門内に入るべからざること」という禁酒を命じる一条が見える。同じ文面が五山の二ヵ寺に伝えられていることから考えても、おそらくこのときの第一次令は全国の禅宗寺院を束ねる相国寺や建仁寺といった五山寺院をターゲットにして布告されたものと思われる。

ただ、もちろん、ここでいっている禁酒令というのも、対象が五山僧であったことを考えると、たんに宗教者に対して漠然とした倫理性を求める形式的な規定にすぎなかった可能性もある。実際、当の五山僧たちも当初はこの命令を形式的なものとみなしたのか、さほど重大なものとはとらえていなかったようだ。しかし、義持は真剣だった。『看聞日記』によれば、一〇日ほど経って、ほとんど禁酒令が守られていないことを知って義持は怒り、相国寺の僧侶たちに対して、以後永遠に「断酒」するとの「告文《こうもん》」（起請文《きしょうもん》）を書くようにと強制している。中世の人々が起請文を書き、禁酒や節酒を個人的に仏神に誓うという事例はないわけではないが、禁酒令に対する請文《うけぶみ》（承諾書）として禁酒や節酒の起請文を書かされるということは、およそ類例がない。こんなことを突然いい出されて、さぞかし僧侶たちも面食らったのではないだろうか。

しかも、翌年五月、南禅寺《なんぜん》では高僧、玉畹梵芳《ぎょくえんぼんぽう》が突然寺内から逃げ出してしまうという事件がおきている。『看聞日記』によれば、その理由は「飲酒の事」であるという。これは、この前年に出された義持の第一次禁酒令に抵触したために、その処罰を恐れての失踪だったと思われる。どうやら義持の禁酒令はたんなる倫理規定だったのではなく、違反者への罰則も想定された厳格な強制力をもつものだったらしい。

## 第二次禁酒令

そして第一次禁酒令から五ヵ月後の応永二七年（一四二〇）二月、続いて義持は第二次禁酒令を発する。おりしも、このとき義持によって再建が進められていた嵯峨の壮大な禅寺、宝幢寺《ほうどう》が完成をみている。あの宋希璟が義持と対面した寺である。そもそも宝幢寺は先代義満によって建立された寺だったが、より本格的な巨大伽藍にするべく、ちょうど義持が並々ならぬ入れ込みようで再建に着手していたものだった。義持には、父義満が中途半端にしかできなかった禅林の興隆を自分ならもっと本格的なかたちで成し遂げてみせるという信念でもあったのだろうか。はた迷惑にも周囲の者たちを巻き込んで執念を燃やす義持の宝幢寺再建事業を、伏見宮貞成は冷ややかに「天下万事を抛《なげう》ち、公武経営、この事なり」と評している。しかし、義持自身の熱意は高まる一方で、ついに完成の暁には「見物せざる人、世にはあらじ」といい出し、武家・公家を超えて落慶供養《らっけいくよう》への随伴を強制しはじめる。そして、その落慶供養の場で、第二次禁酒令が発令されたのである。この落慶供養にいやいや参列させられた貞成は、日記に以下のように第二次禁酒令の内容を書きとめている。

そもそも嵯峨中、酒禁制と云々。出仕の人々ことに飲むべからざるの由、禁制せらると云々。寺中同前。

この厳粛な落慶供養に臨んで、義持は宝幢寺のある「嵯峨中」を「酒禁制」としたのである。当時の嵯峨は洛外最大の酒屋の集住地域でもあった。義持は、この一大繁華街を落慶供養にあわせて一時的に厳粛な宗教空間に変貌させようとしたのである。さらに、義持に付き従った武家・公家の「出仕の人々」はとくに飲酒を厳禁され、いうまでもなく宝幢寺「寺中」にも同様の厳禁措置がとられた。ここにきて義持の禁酒令は、宗教界に限定されることなく、そうした時と場に立ち寄る俗人たちにまで拡大適用されるにいたったのである。

ただ、好奇心と遊興の人、伏見宮貞成はこんなことではめげなかった。日記によれば、無理やり落慶供養に引っ張り出された彼は、痛快なことに、このときも禁を破って宿舎で密かに「一献《いっこん》」をとげ、その後、酔い覚ましにふらふらと落慶供養のために設けられた桟《さ》敷《じき》を見物してまわっていたのだった。

しかし、続く第三次禁酒令は、その貞成の優雅な日常生活にも影を落とすことになる。落慶供養から三ヵ月後、大飢饉の最中の応永二七年五月、

### 第三次禁酒令

『看聞日記』には第三次禁酒令のことが記されている。

そもそも禅律飲酒の事、公方より堅く禁断せらると云々。よって行蔵庵に酒を入ること今日より停止せしむと云々。

ここにいたって義持は、禁酒令を五山寺院に限らず「禅律」（事実上は禅宗全般）に対してまで拡大適用を行ったのである。それは当時、貞成が住んでいた京郊伏見の小庵、行蔵庵とて例外ではなかった。これまでも行蔵庵には貞成もしばしば足を運んで遊んでいたが、この日からは、いままでのようにここで呑気に酒を飲むことはできなくなっていたのである。

### 第四次禁酒令

さらに、大飢饉の惨禍もようやく峠を越えた翌応永二八年（一四二一）七月、義持は自身の御所内の人々をも禁酒令に巻き込んでゆく。このとき義持は、義持の嫡子で後に五代将軍となる義量の「大御酒《おおみき》」がけしからんとして、突如、義量の側近に対して「今後、息子義量に酒を飲ませないこと」「義持の許可なく勝手に義量のもとに酒を持ち込まないこと」の二点を厳命しているのである（『花営三代記』）。しかも、義持は周到にも義量の側近たちに、この二点を誓約する「起請文」まで書くように要

求し、四日後、この「大酒飲み止むべし」の起請文は、実際に三六人の側近の連署によって作成されている。

当時、義量はまだ数え年の一六歳。にもかかわらず、父親から禁酒命令を出されて、あげくのはてに側近を巻き込んだ異常な厳禁措置がとられている。これだけ聞くと、義持の嫡男義量は相当な大酒飲み、あるいはよほどのアルコール依存症だったのではないかと思いかねないが、おそらくそうではないだろう。起請文を提出して禁酒を誓わせるという、その様式は、第一次令にも見られた義持禁酒令の定番スタイルである。この嫡男とその側近への禁酒命令は、明らかに第四次禁酒令と位置づけるべきものだろう。

つまり、義持の禁酒令は、応永二六年から二八年にかけて、宗教者からはじまって最終的には俗人にまで、執拗に発せられ、その対象を徐々に拡大させていったのである。室町幕府の法令のなかでは、五山寺院への倫理統制としても飲酒を禁じたものは一つもない。それはおよそ前後の時代にも類例を見ない特異な厳格さをもった法令だった。

## 麴専売作戦

しかも、これとまったく同時期の応永二六年九月、義持は京の西郊にある北野社の西《にしの》京《きょう》神人《じにん》（門前に住む下級神職）たちに酒の原料となる麴《こうじ》の専売特権を認める下知状《げじじょう》を発している。それまでは京都では本来だれでも自由に麴を製造し、それをもとに好きなだけ酒が造れたはずだった。しかし、この強引な麴専売化により、それまで京都の酒屋が独自に行っていた麴製造はみな許されないものとなったのである。そのため、この九月から一一月にかけて、京都市中の酒屋が独自に保有していた麴室《こうじむろ》が幕府の役人の立会いのもとに次々と強制的に破却されていった。その後、この専売制は段階的に強化されてゆき、最終的に麴室を破壊された酒屋の数は三四二軒にのぼったとされる。これにより京都では一時的に酒造量が激減するという事態すら起きていたらしい。私は、この麴専売化は義持が同時期に進めていた禁酒政策の一環だったのではないかとにらんでいる。

しかし、室町幕府は義満以来、一方で洛中の酒屋から酒屋役とよばれる営業税を徴収して、それを幕府の大きな財源としてきた。よくよく考えてみれば、酒の販売量が激減して誰よりも困るのは幕府自身だったはずである。にもかかわらず、義持は一連の禁酒政策に偏執《へんしゅう》的な情熱を傾けた。では、いったい、なぜ義持はそこまで執拗に禁酒令や麴専売化を行い、人々の飲酒を抑制しようとしたのだろうか。

# 大飢饉と「徳政」



義持をそこまで執拗に禁酒にこだわらせたのには、もちろん、ひとつには、先ほど述べたように彼個人の嗜好としての禅宗的禁欲主義があった。それは当初からこの禁酒令が禅宗寺院を対象としていたことからも明らかだろう。ただ、そうした彼の個人的な嗜好が政権継承の直後ではなく、あえて、この応永二六〜二八年という時期に政策として全面展開したことの意味は、また別に考えなくてはならないだろう。なぜこのタイミングで、わざわざ禁酒令なのか？

## 大飢饉と禁酒令

そう考えたとき、やはり思い当たるのは、その発令時期がちょうど応永の大飢饉の前後にぴったり重なるという事実である。前述「なぜ巨大飢饉は起きたのか？」の章の降雨日数グラフからも明らかなように、すでに応永二六年一〇月の第一次令のときには未曾有の大飢饉の兆しとしての天候不順は、はっきりと現れていた。また、翌年の四月には、すでに地方都市には流民が溢れていたことは、さきの『老松堂日本行録』の記述からも明らかである。あるいは、当時の人々が応永二六年六月の対馬への異国船襲来事件と応永の大飢饉が一連の因果関係にあると考えていたことからすれば、異国船襲来事件もその直接の引き金となったのかもしれない。いずれにしても、前代未聞の禁酒令は、たんなる義持の気まぐれではなく、やはり異国船襲来から大飢饉にいたる不穏な世相への対応策として試みられ、大飢饉の進展とともに強化されていったと見るのが妥当だろう。では、なぜ大飢饉への対応策が、禁酒令という不思議なかたちをとったのだろうか。

そもそも酒造りには多量の米を消費する。そこで、ひとつ考えられるのは、義持の禁酒令が酒造を制限することで、飢饉時の食糧確保策としての意味をもっていたという可能性である。現に江戸時代の幕府や藩は、そういう目的で飢饉のときに何度か酒造制限令を出している。また、彼の麹専売制により、実際、京都の米相場が急落したという証言も残されている。ただ、もし彼にそうした実利的な意図があったとすれば、最初から禅宗寺院などをターゲットにしなければよいのに、現実にはそうではなく、あくまで彼の禁酒令は宗教政策というかたちをとってしまっている。彼の禁酒令が結果的に飢饉時の食糧確保策としての意味をもっていたという可能性までは否定しないが、やはり彼に当初から実利的な意図があったと考えるのは無理があるようだ。

では、大飢饉のなかで宗教政策として禁酒令を出す積極的な理由は、いったいどこにあるのだろうか?

日本中世の政治思想を語るとき、それを抜きには語れないものに、「徳政」という思想がある。それは文字通り「仁徳のある政治」のことなのだが、基本的には為政者の代替わりや天変地異に際して、為政者が広く善政を施して災厄を取り除き、すべてをあるべき姿に戻す、という発想を基礎にしていた。当時の具体的な「徳政」の内容としては、後に「徳政(令)」といえば、それを指すようにすらなった債務や売買の破棄にとどまらず、囚人の釈放、雑訴の興行(裁判制度の整備拡充)などの政策全般を広く含んでいた。なかでも重要な位置を占めたのは、仏神事の興行、すなわち寺社勢力の復興である。当時の人々は為政者も民衆も、代替わりや天変地異などの不安定な世情にあっては、仏神を盛り立てることで災厄が除去され、すべてがあるべき姿に戻ると真剣に信じていたのである。私は、義持の禁酒令こそは、まさにこの「徳政」だったのではないかと考えている。

## 室町幕府最大の危機

これまで徳政というと、永仁の徳政令をはじめとして鎌倉時代のそれが最も有名であった。ところが、最近の研究では、室町時代の歴代足利将軍も、鎌倉時代の為政者同様、徳政思想を共有しており、実際に代替わりのたびごとに徳政を実施していることが明らかにされている。たとえば、義満はその政権初期に応安半済令《はんぜいれい》という法令を出し、寺社領を中心とした荘園制の復興を宣言している。また、義持についても、政権継承の直後に荘園制保護策を展開している。このとき彼が花押に「慈」の字を採用し、仁徳ある政治の実現を標榜していたことは、すでに述べたとおりである。彼が、武家としては鎌倉幕府以来の徳政思想のよき継承者であったことは疑いない。

そして徳政は、なにも代替わりに限ったものではなく、むしろ天変地異のなかにあってこそ発揮されるべきものだった。当時の人々の考えに基づけば、天変地異はすべて為政者の不徳を見かねた仏神によって引き起こされるのである。だから、仏神から見放され天変地異に見舞われた不徳の為政者は、すみやかにその責任をとって退陣するか、ひろく徳政を施すことで秩序の回復を図らねばならなかった。応永二六〜二八年という時期を振り返れば、謎の異国船団が国境の島を侵したのにはじまり、さらにそれらが日本本土への襲来を予感させるなかにあって、天候不順と大飢饉の襲来、さらには葬り去った異国人たちの怨霊が引き起こす疫病の蔓延《まんえん》、という事態が相次いで起こっていた。まさに室町幕府開創以来の最大の危機であったといっていいだろう。もちろんいずれも現実には義持の責任ではないのだから不運といえば不運だが、義持はみずからの進退を賭けて、これらの災厄に立ち向かっていかなければならなかったのである。

このとき義持が、こうした事態をだれよりも深刻に受け止めていたことは、彼の行動からもうかがえる。たとえば、大飢饉の最中の応永二八年には、彼は都に群集してくる乞食や貧人たちに対して、幕府をあげて施行《せぎょう》（食べ物の施し）を行っている。また、すでに「なぜ巨大飢饉は起きたのか？」の章で現代の「お中元」のルーツとして紹介したが、当時、都では八月一日に高額の金品を贈答しあう八朔とよばれる互酬《ごしゅう》儀礼が盛んだった。しかし、義持は飢饉が深刻化した応永二七年の八月から、こうした浪費的な習俗を一切禁止し、それは大飢饉から完全に復興する応永三一年まで厳禁された。その厳格さは徹底しており、このために義持は死後に「勝定院殿（義持）は倹約お好み」と評されたほどである。こうしたことからすれば、義持のなかには未曾有の大飢饉を深刻に受けとめ、なんらかの政治的な対策を講じようとする意志があったことはまちがいないだろう。

そして彼の徳政は、彼自身の偏頗《へんぱ》な信仰心ともあいまって、とくに禅林の復興というかたちで発現した。彼は禁酒令に先んじて、教学を疎《おろそ》かにする相国寺や南禅寺に対して兵具の没収（刀狩り）や破戒僧《はかいそう》の捕縛を強行している。宗教者の武装解除や濫行《らんぎょう》停止は、保《ほ》元新制《げんしんせい》をはじめとして平安時代以来の伝統的な徳政のスタイルである。また、徳政の分析を行った保立《ほたて》道久氏は、平安〜鎌倉期の徳政の要件の一つに禁欲主義の徹底があり、そのなかには酒造や飲酒の規制も含まれていたことを指摘している。義持の禁酒令は彼独自の偏執的な情熱に後押しされつつも、こうした徳政の伝統の延長線上に展開されたものだったのである。

## 大酒将軍

ところが、彼のそうした高い理想とは裏腹に、義持の「徳政」は当時の人々にはいたって不評だった。その理由は、なにより彼の政策が彼独特の偏執的な信仰と一体化していたために、一般の人々には難解であったということにつきる。また、これほどまでにみずからの嗜好で人々に禁欲を求め、数次にわたり禁酒令を発してきた義持は、ここまでの話からすると、さぞかし厳格な禁欲主義者であったかのように、私たちには思えてしまう。しかし、他の同時代史料に目を移せば、そうした過激な禁欲主義者、義持のイメージは、意外にたやすく裏切られる。

じつは宋希璟も詳細に書き残しているのだが、そもそも彼自身は稀代の好色家であり男色家、たいへんな快楽主義者であった。しかも他人や息子に禁酒を強制しておきながら、呆れたことに彼自身はとんでもない大酒飲みだったのである。同時代の公家日記を一覧すれば、義持に関して毎夜毎夜の大宴会の記録と、「御沈酔もってのほか」「大飲の御酒」「二日御酔気」（二日酔い！）といった証言は枚挙に遑《いとま》がない。それどころか、そうした破廉恥な大宴会は、一方で禁酒令を発令していた期間も、彼自身が出家をとげた（応永三〇年）後も、恥じることなく堂々と行われていた。おりしも大飢饉の真っ只中である。禅宗史の分野では、彼は禅宗に知悉した稀有な将軍として称揚されてもいるが、こと彼の私生活は、じつは禁欲的な施策とはかけ離れた欺瞞的なものだったのである。そうした彼自身が心に抱えていた矛盾や欺瞞も、人々を彼から遠ざけていった要因かもしれない。

## 後小松上皇の夢

ところで、大飢饉に続いて疫病が猛威を振るっていた応永二八年五月二八日（新暦七月一七日）、ときの後小松上皇（一三七七〜一四三三）は不思議な夢をみる。当時、後小松は四四歳。その夢というのは、相国寺の門前に一〇〇〇頭もの牛が群がって、なぜか寺内に押し入ろうとしている、というものだった。これに対し相国寺の側は、門主がひとりで牛たちを塞ぎとめ、必死で牛たちがなかに入らないようにしていた。すると、門主のあまりに頑強な抵抗に、ついに門内に入るのを諦めた先頭の牛が、こういった。「やはり座禅の道場だ。入ることができないぞ」（「誠に座禅のところなり。入るべからず」）。こうして牛たちは門前から退散してゆき、そのまま反転して京の町のなかに向かっていった。すると、この不思議な光景をみていた後小松の耳に、夢のなかで、ある男の声が聞こえてきた。《あの牛たちこそが疫神なのだ》（「これこそ疫神にて候」）……。

以上が、後小松上皇の見た夢の内容である（『看聞日記』）。とりとめもない夢だが、ここでまず面白いのは、疫神が「牛」の姿をしているというところである。疫神というのは、当時の人々の想像の世界では、疫病を巻き起こす原因でありながらも、ときに疫病から人々を守る役目も果たすという不思議な両義的性格をもっていた。そのうち、日本中世で最も有名な疫神である牛頭天王《ごずてんのう》は、その名のとおり「牛」の姿をしていたり、「牛」にまたがったりするものとされていた。おそらく当時の人々は、この牛頭天王と疫病の連想から、人々を悩ます疫神の正体を「牛」のイメージで造形していたのだろう。

似たような夢は、三〇年後の宝徳二年（一四五〇）四月に奈良で、とある下人も見ている（『経覚私要鈔』）。その下人の見た夢の場合は、彼が奈良に向かおうとしたところ、西の方を見ると、ある寺の門前に一人の白帷子《かたびら》を着た男が「牛」を繋ぎとめている光景が見えた、というものだった。ここで興味深いのは、この夢の話を聞いた僧 経覚《きょうがく》が日記に「これで、なんとか世間に流行している疫病も終息するだろう。よかった。よかった」（「おかた世上の病気も静謐すべきか。珍重々々」）という感想を書きとめているという点である。ここでも「白帷子の男」が繋ぎとめている「牛」は疫神を意味していたのだろう。しかも、その夢の話を聞いた経覚が即座に疫病の終息を予感したことからも、中世人の想像《イマジネーション》力では「牛＝疫神」という等式はすでに常識になっていたことがうかがえる（なお、「牛」が疫神だったとすれば、この夢の場合、それが奈良の市中で暴れないように繋ぎとめている「白帷子の男」というのは、さしずめ疫神から家を守る神・蘇民将来《そみんしょうらい》の姿だったのかもしれない）。

## 孤独な室町殿

しかし、疫神が「牛」の姿をしているというのもさることながら、今回の後小松上皇の夢が変わっているのは、その無数の「牛」たちが競って相国寺に入ろうとしたものの、そこが「座禅のところ」であるために入れなかった、という点である。後小松は、この不思議な夢の話をちょうど仙洞御所《せんとうごしょ》に参上していた義持に話してみた。ちょうど第三次禁酒令が発令されるのと第四次禁酒令が発令されるのとのあいだの時期である。すると、この話を聞いた義持は、なにを思ったのか、すぐさまその場を立ち去り、その足で一目散に夢の舞台となった相国寺へと向かっていってしまった。そして彼は相国寺へ乗り込むやいなや、寺僧たち全員を督励して、すぐに座禅の勤行《ごんぎょう》に精を出すように、との命を発したのである。なぜ義持が急にこんな行動に走ったのか、残された史料に理由は書かれていない。

しかし、当時の人々は今の私たちとは異なり、「夢」というものを霊界からのメッセージととらえて、たいへんに重視していた。その夢のなかで「牛」の姿をした疫神が「やはり座禅の道場だ。入ることができないぞ」といい残して、相国寺から去っていったのである。それは、彼ら疫神たちが座禅の力によって退散させられた、ということに他ならない。ここで義持がその話を聞いて、すぐさま夢の舞台となった相国寺に走り、一層の座禅勤行に励むように寺僧たちを叱咤したのも、それによって相国寺といわず京中から疫神を退散させようという意図からだったにちがいあるまい。疫神を退散させるには加持祈禱なんかよりも座禅がいちばんだ。誰がなんといおうと、禅宗を興隆させることは、この国難を乗り切る唯一の道、「徳政」なのだ。当時、理想の高さとは裏腹に空回りを続ける「徳政」に義持は焦燥を深めていた。後小松上皇から夢の話を聞かされた、この日の義持は、きっと自身の信念の正しかったことに狂喜し、さらにみずからの理想に確信を深めていったにちがいない。

現実的な効果はともかく、仏神への信仰が飢饉や疫病に有効な対策であるということは、当時の人々にも共有されていた観念であった。だからこそ、鎌倉期の「徳政」は人々にそれなりに受容され、良くも悪しくも歴史に記憶されたのである。しかし、義持の「徳政」は極度に観念的かつ独善的で、それがために周囲の共感を得られないまま、いたずらに事態を混乱させてしまったという感がつよい。そうした空回りのなかで、けっきょく義持はしだいに孤独を深めていった。後小松の夢の話を聞いて過剰に反応し、より一層の禅林興行に奮起したのも、それは一面では彼自身の焦りの表われでもあった。

おそらく、あれほど嫌悪感をむき出しにしていた朝鮮国からの使者に突然面会しようといい出したときの彼の気持ちも、そんな後小松の夢に狂喜したときの精神状態と似たものがあったのだろう。父義満の一三回忌を彼流の仏教理解で本格的に演出し、一切の殺生を忌避し、人々に魚食を禁断してみたものの、思ったほどに当時の人々には受け入れられていない。そんななか、異国から来た使節がわざわざ律儀にも、わが意を汲んで魚食を断つとは、なんという殊勝な態度か。義持は、数少ない理解者の出現に、まさに本心から「感喜々々したり」という気持ちだったにちがいない。宋希璟を呼びつけた場所が、義持が当時再興に情熱を傾けていた宝幢《ほうどう》寺であったというのも象徴的である。

そうした義持の心の孤独などはつゆ知らず、任務を終えた宋希璟は義持との対面の一一日後、晴れ晴れとした気持ちで京都を発ち、無事に帰国の途につくことになる。義持の「徳政」がなんの効果ももたらさないまま、このあと大飢饉がさらに過酷の度を増してゆくことなど、海上の人となった彼にはもちろん知るよしもない。

# 荘園と町の飢饉習俗

# 在地社会の習俗

## 「天下飢饉」

義持が第三次禁酒令を禅宗界全般をターゲットにして布告した頃、皮肉なことに、事態は義持の意に反して悪化の一途をたどっていた。すでに田植え時から続いていた深刻な旱魃は梅雨時を迎えてもまったく改善されず、そのまま季節は夏に突入してしまう。

七〇頁の降雨日数のグラフを見てもわかるとおり、応永二七年（一四二〇）の新暦七月の降雨日数もわずか七日にすぎなかった。第三次禁酒令五日後の五月二〇日（新暦七月九日）には、朝廷も「この間、炎旱なり」として、さらに三度目の祈雨奉幣を実行している。このときの祈雨にはさすがに効力があったのか、直後に「いささか降雨」があったとされるが、それもつかの間、また「炎旱」の日々が続く。しかし、この頃はまだ義持の護持僧《ごじそう》だった満済などは、すこしばかりの雨でも降れば「ひとえに公方様の御信力によるなり」と日記に書いて、それを信心深い義持の仁徳によるものだとして、無邪気に賞賛したりもしていた。しかし、一向に好転しない状況のなかで、いつしか満済もそうしたお追従《ついしょう》を日記に書く余裕はなくなっていった。かわりに、この時期以降の貞成や満済の日記には、すこしでも雨が降ると「珍重なり」とか「殊勝々々」といった大げさな歓喜の声や庶民への同情が記されるようになっている。「炎旱過法《かほう》、民の周章《しゅうしょう》まことに不便《ふびん》なり」。農業生産に直接に携わるわけでもない彼らにとっても、この異常事態は見捨てておけないことだったのだ。

この間の記録だけでも、五月六日と二〇日（新暦六月二五日・七月九日）に諸社に祈雨奉幣がなされ、同二六日（新暦七月一五日）には神泉苑《しんせんえん》に仏舎利《ぶつしゃり》の奉納、六月一日（新暦七月二〇日）には祈雨の祈禱というように、続々と効き目のない祈禱や奉幣は繰り返されている。そして六月七日（新暦七月二六日）には、「天下飢饉」を理由にして、ついに祇園祭の中止までが決定される（ただし、その後、開催が決まる）。ここではじめて史料上「飢饉」という言葉が現れる。もはや誰の目にも異常は明らかとなっていた。この六月、プロローグで述べたように、五八歳の世阿弥は習道論『至花道』を書きあげている。二七歳の一休が琵琶湖の舟上で悟りをえたのも、この夏の出来事だった。

そうしたなか、為政者側は不可思議な「徳政」や祈禱に血道をあげていたのは、すでに見たとおりであるが、一方で肝心の一般民衆はどのようなかたちで活路を模索していたのだろうか。ここではこの時期の史料のなかから民衆生活の実態がうかがえる、いくつかの話題を拾ってみよう。

## 用水をめぐる争い

まずは伏見宮貞成のお膝元、伏見荘（京都市伏見区）から。当時、貞成が隠棲していた京都南郊の伏見荘も、当然ながら旱魃に苦しめられている荘園のひとつだった。とくにこの時期の農業用水の不足は荘民だけの力ではいかんともしがたい深刻なもので、彼ら荘民たちは荘園領主である貞成に救いを求めていた。日記によれば、このとき貞成は鴨川沿いに東九条荘という荘園をもっている関白九条満教《みつのり》（一三九四〜一四四九）に交渉して、鴨川から引く農業用水の一部を伏見荘に分けてもらうことを嘆願した。これは政界に様々なコネクションをもっている貞成ならではの手法であって、他の弱小領主には決して真似のできない政治的解決策だといえるだろう。また、「先例」としても、伏見宮家は九条家に対して以前の旱魃時に同じような依頼を行ったことがあった。そのため九条家側も、今回もその嘆願をむげにはできず、貞成に以下のような返事をしている。

方々より申すのあいだ難治《なんじ》なり。よって製法を置くといえども、別して承ることのあ

図９　水争いの風景（米国サクラー美術館所蔵「地蔵菩薩霊験記絵巻」）

いだ、子細あるべからず。

（同じようなことはあちこちから頼まれて困っているので、こちらとしても決まりをつくって対処しているのですが、そこまで伏見宮様が嘆願なさるのでしたら仕方ありません。）

たいしたことのない返事のようにも読めるが、ここからは九条家が握る用水に関する二点の重要な情報が読みとれる。まず一つは、貞成の依頼以前にすでに「方々より」コネをたよって同様の依頼が寄せられていたらしいという点である。きっと旱魃のなかで九条家のもつ用水に目をつけていたのは貞成ばかりではなく、周辺の荘園や村落も同様だったのだろう。そして、つぎに注意したいのは、こうした動きに対して九条家側は「製法（制法）」とよばれる掟を定めて、独自の用水管理を行っているらしいという点である。どうも貞成の嘆願以前に、すでにこの地域の用水利用に関しては独自のルールが存在していたようなのだ。しかし、結果的にこの用水は「製法（制法）」を無視した九条満教と伏見宮貞成という二人の荘園領主レベルの合意によって伏見荘に分水されることに決まってしまったのである。六月一五日（新暦八月三日）のことである。

はたして三日後の六月一八日（新暦八月六日）の「夜」、伏見荘の荘民たちは喜び勇んで九条家の用水を分けてもらいに出向くことになる。すると、そこに闇のなかで彼らを待ち構えている怪しげな一団がいるではないか。となりの深草《ふかくさ》郷の郷民たちである。彼らは殺気立った様子で「この用水は絶対に渡さないぞ」（「是非につき取らせらるべからず」）と叫んで、伏見荘民のまえに立ちふさがった。しかも、そこには深草郷の郷民ばかりではなく、その近隣の村々の者たちまでもが深草郷の応援のために集結していたのである。彼らはまるで合戦に出かけるときのように「甲冑《かっちゅう》」まで身に着けていたという。もちろん、これでは勝ち目がないと悟った荘民たちはすぐさま逃げ帰り、ことの次第を慌てて貞成に報告した。

## 虚々実々の政治交渉

「話がちがうではないか!」、事情を知った貞成は、翌一九日（新暦八月七日）に九条家に確認の使者を飛ばした。とはいえ、深草郷は九条家領ではないのだから、九条家としてはそんなことをいわれても困る。深草郷の領主は、じつは醍醐寺三宝院。つまりあの満済なのである。そこで、九条満教は以下のような返事をしている。

三宝院申す旨あり。彼の命により深草郷民支え申すか。所詮大勢下され召さるべきか。しからば当方よりも合力すべし。

（用水については以前から醍醐寺三宝院の満済殿からも分水の依頼がありました。あるいは、満済殿の命令で深草の郷民たちが妨害しているのでしょうか。こうなれば、伏見宮様も数の力にまかせて用水を取り戻しますか。そうなれば、私もそちらの応援をします。）

どうやら深草郷の領主である満済も九条家の用水を狙っていた一人だったらしい。ところが、それを分水してもらえなかったので、その腹いせに満済が妨害工作を行っているのではないか、というのが九条満教の推理だった。そこで、もしそうなら一緒になって断固として闘おう、というのが彼の提案なのである。しかし、このあまりに過激な提案には、逆に貞成のほうが驚いてしまった。貞成は近臣を集めて相談したうえ、なにもそこまでしなくても……と、こんどは逆に九条家をなだめる側にまわってしまっている。しかし、どうも九条満教にしてみると、彼は最初から伏見宮家側の態度が軟化するのを期待して、わざと極端に強気な発言をしていたようである。その証拠に、尻込みをはじめた貞成に対して、彼はあっさりと「それもそうですね」（「その儀しかるべし」）と返事したかと思うと、「こちらから三宝院にぜひとも尋ねてみます。それまで待っていてください」（「いかさま三宝院に問答すべし、その間相待つべし」）と提案したのだ。こちらになんの落ち度もないのににややこしい苦情を持ち込まれた九条家にしてみれば、とりあえず貞成の頭を冷やさせるためにも無茶なことをいってみたまでのことなのかもしれない。だとすれば、彼はまだ二七歳なのだが、若いのになかなかしたたかな対処である。

この後、翌二〇日（新暦八月八日）に届いた九条家からの返事によれば、九条家が三宝院に問い合わせたところ、満済はけっきょく今回の事件については何も知らず、もちろん深草郷民に対してなんの命令も出していなかったという。その人格は同時代人からの評価も高く、貞成自身ものちに「天下の義者」とまで賞賛した満済である。彼がそんな不用意な行動をとるはずがなかった。しかし、事の次第を知ってしまった以上、満済はすぐに事態を収拾するために動き出す。彼は自領の深草郷に勝手な行動に出ないようにと厳命を下し、これにより衝突の危機はあっさり回避された。

直後、貞成は九条満教に対して、「あなたの御仲介によって平和が訪れたのには感謝の言葉もありません。うれしいです」（「御籌策《ごちゅうさく》無為《ぶい》の条、謝するところを知らず。喜悦《きえつ》」）と、感謝の書状を送っている（最初に過激な報復攻撃を提案したのは九条家なのだが……）。そして、その日の「夜」、伏見荘の荘民たちは用水を引くために九条家領まで出かけてゆき、こんどこそは無事に引水に成功した。これにより伏見荘はひとまずの危機を乗り越えることができたのである。翌々日、荘民たちは貞成の御所に列参して「賀酒」を献上し、これまでの貞成の政治工作に深い感謝の気持ちを捧げている。

## 地域社会のルール

さて、私がこのエピソードでなにより興味深いと思うのは、事件の展開は表面上はすべて荘園領主レベルの政治交渉で進んでいるものの、そもそもの事件のきっかけが、それに納得しない深草郷民たちの行動によって起こされたものだった、という点である。もともと九条家の用水に対しては深刻化する旱魃のなかで「方々より」分水の嘆願が寄せられていた。けっきょく問題の醍醐寺三宝院領の深草郷も、そうした「方々」のうちの一つだった。しかし、それを一つ一つ認めていてはきりがないので、現地では用水を制御するために独自の掟（「製法」）が定められていたのである。

しかし、九条家と伏見宮家のあいだの政治的な交渉は、それ以前の経緯を無視して、いとも簡単に伏見荘への分水を決定してしまった。深草郷の位置は、伏見荘よりも東九条荘に近い。にもかかわらず、深草郷の嘆願を無視して、頭越しに遠方の伏見荘に水を分けてやるなんて……。それは深草郷民にすれば到底受け入れられないものだったにちがいない。彼らの実力行使は、そんな強引な荘園領主たちのやり口に対して向けられたものだったのである。しかも、そうした彼らの主張は、当時、決して自分勝手な無茶ないいがかりとは考えられてはいなかった。それは、彼らが実力行使におよんだとき、武装した「近隣」の百姓たち多数が彼らの応援に駆けつけていることにもよく表れている。九条家と伏見宮家の利己的な協定は、当事者にかぎらず、地域社会全体としても受け入れがたいものだったのである。

今回のケースでは最終的に用水は領主間の協定が尊重され、伏見荘に分け与えられることになってしまったものの、当時、用水の問題というのは、荘園領主同士の勝手な協定だけでは実現できず、「近隣」の地域社会の合意をなによりも必要としていたことを、このエピソードはよく示している。

## 「夜水」の慣行

このほかにも、この事件で私がこだわりたいと思う点は、もうひとつある。それは、ここで用水を分けてもらいに伏見荘民たちが出向いたのがなぜ二度とも「夜」なのか、という点である。おそらく、このとき伏見荘民たちは九条家の管理する用水路のところまで出かけていって、そこを流れる用水の一部を伏見荘に流れ込むように水路を付け替えるような工事を行おうとしたはずである。しかし、街路灯もなかった時代、わざわざ「夜」にこの作業をするのは、かなりの難事だったはずだ。そもそも、いずれの場合も九条家の許可を得たうえで行っているのだから、なにもわざわざ「夜」にそんなことを行う必要はない。では、なぜ彼らは「夜」にこの作業をしなければならなかったのだろうか。

これを考えるさいヒントになりそうなのが、つい近年まで農村で行われていた「夜水《よみず》」の慣行である。夜水には夜間の水盗みの意味もあるが、ここではそれではなく、時間を決めて水を分け合う「番水《ばんすい》」の一形態のことを指す。古来、水不足が深刻だった西日本の各地では、一つの用水を日にちや時間を区切って複数の地域で交代で利用する、番水という慣行がよく見られた。その番水による夜間の用水利用のことを、夜水といったのである。ただ、夜水を分けてもらうというのは昼間の時間の用水を分けてもらうのに比べて、いろいろ不利な点が多かったようだ。まず、そもそも旱魃は日中の日差しの厳しい時間に水がないのが最大の問題なのであって、いくら夜間に水が豊富にあっても、昼間に田地が干乾びているのでは何の意味もない。また、稲の生育上も、盛んに光合成を行う昼間の時間に水がなく、夜間に水が豊富にあってもあまり意味がない。それから、河川から直接引水する場合、場合によっては夜間の用水は冷たすぎて、稲に悪影響をもたらすこともあるらしい。いずれにしても、通常だったら、あまり歓迎されないのが夜水だったようだ。ただ、それでも水不足の状況では、なにもないよりははるかにましだ、ということで、水利権の弱い村は水利権の強い村に対して夜水でもいいから分けてほしいと懇願して、分けてもらうことがしばしばあったらしい。

「夜水」という言葉こそ見られないものの、私の知るかぎり、こうした慣行の歴史はかなり古くまでさかのぼるものと思われる。たとえば、天文二年（一五三三）、周防《すおう》国阿弥陀寺領内の清水用水では、水利権が「日六時」と「夜六時」に折半され、昼間は成就房の田地に、夜間は専海の田地に引水することが取り決められている（「阿弥陀寺文書」）。この場合、専海の側の用水はまさに「夜水」である。また、天正一三年（一五八五）一二月五日付のある売買証文のなかでは、久下奥源右衛門の田地一段一〇代《たい》は「夜用水は九つ（午前〇時頃）より八つ（午前二時頃）まで」とされている（「久下文書」）。こうした事例を参照するかぎり、伏見荘の人々が九条家から分けてもらった用水も、夜水であった可能性はかぎりなく高いといえるだろう。伏見荘の人々は貞成の政治工作によって特別の計らいで九条家から用水を分けてもらうことに成功したものの、旱魃の最中、九条家領の人々にとっても水は貴重なものだった。けっきょく伏見荘の人々が許されたのは、わずかに夜間の使用許可だけだったのではないだろうか。もちろん旱魃に直面しても夜水にあまんじなければならない人々にとっては過酷な掟といえようが、室町時代の地域社会では、飢饉を生き抜くなかで、のちの民俗慣行につながるようなルールが自生的に芽生えはじめていたのである。

なお、伏見荘は翌七月、こんどは隣の木幡《こはた》荘とのあいだで草苅場をめぐるナワバリ争いを起こしている。当時の山林は夏は肥料となる苅敷《かりしき》、冬は燃料となる薪《たきぎ》の供給地として大変に重要視されていた。従来、室町時代にこうした山林をめぐる争いが多発するのには、生産力の拡大による村々の用益拡大が背景にあるとされてきた。しかし、これについても、まったく逆に飢饉との関連が指摘できるかもしれない。秋の収穫が危ぶまれるなか伏見荘や木幡荘の人々は、肥料の大量投入によってなんとか飢饉を乗りきろうとしていた。そのために、やむなく既存のテリトリーを侵犯してしまった、という可能性もあながち否定できないだろう。生存の道を模索するため、もはや彼らはなりふりかまわず考えうるすべての試みに着手していたのかもしれない。

## 季節はずれの菖蒲葺き

伏見荘の用水問題が一応解決した七日後の六月二七日（新暦八月一五日）、朝鮮使節の宋希璟は京都を発ち、帰国の途についた。しかし、長期にわたった職務をなし遂げて晴れ晴れとした彼の胸中とは対照的に、列島を覆っていた飢饉はさらに深刻の度を増していた。伏見宮貞成が日記に「炎旱ただごとにあらず。御祈禱行わるといえども、その験《げん》なし」と書き記したのも、彼の出発とちょうど同日のことである。

しかも、同じ日の夕方には、さらに人々に追い打ちをかけるかのように京都を大地震が襲った。また、その直前には市中で火災も発生しており、北小路油小路あたりの多数の人々が家を失い、焼け出されてしまっている。ひとつひとつの災厄はもちろん偶然の産物なのだが、これほどまでに重なって降りかかると、当時の人々はさすがにそれを偶然の所産とは考えなかった。春日大明神《かすがだいみょうじん》の祟りだ、いや、きっと天狗《てんぐ》が人の見えないところで洛中を荒らしまわっているにちがいない——、京都に住む人々は口々に不吉な噂をささやきはじめていた。

そんな頃、京都では一つの奇妙な風習が生まれはじめていた。『看聞日記』には「先日中京《なかぎょう》辺の在家四～五間、菖蒲《しょうぶ》を逆に葺《ふ》くと云々」として、先日来、京都市中の何軒かの家の軒先に菖蒲の葉が突き刺して飾られている、と記されている。さて、この「菖蒲を逆に葺く」とは、いったいどんな意味があるのだろうか。

そもそも菖蒲の葉には邪気を払う力があるとされており、いまでも五月五日に風呂に菖蒲の葉を入れて菖蒲湯にすることで一年間の健康を祈るということはよく知られている。

図10　菖蒲葺きの家（米沢市蔵「上杉本洛中洛外図屏風」部分）

また地方によっては、五月五日に家の軒先に菖蒲の葉を逆に葺いて、家内に邪気が入らないようにするということも、いまだに行われている。そうした風習は室町～戦国時代にも広く見られるもので、当時の洛中洛外図屏風などからもその様子をうかがうことはできる（図10）。このとき京都の町で見られた「菖蒲を逆に葺く」という行為も基本的には、これらと同様の呪術的な行為なのだろう。

ただ、本来ならば五月五日にすでに一回行われているはずの菖蒲葺きが、ここでは一カ月以上経った六月も末日になってから再度行われているのである。これはきわめて異例なことといわなくてはならない。いったいどういうことなのだろうか。中世の文献史料ではこれ以上のことはわからないが、そうした場合は、ここでもやはり民俗学の知識が役に立つ。じつは民俗慣行としては、正月に不吉なことがあると、二月以降にもう一度門松《かどまつ》を立てて「お正月」をやりなおすという習俗がある。「取り越し正月」とか「流行《はやり》正月」「にわか正月」とよばれるものなのだが、ほかにも地域によってはひな祭りをやり直したりする場合もあるらしい。つまり、それによって人々は災厄のためにケチがついてしまった時間を、すべてリセットしようと考えていたらしい。

こうした民俗意識を参考にすれば、ここで京都の人々がもう一度菖蒲葺きを行ったのも、似たような意識からであることは容易に想像できるだろう。つまり、五月五日の菖蒲葺きの後も一向に災厄が収まらずに「天狗」が跋扈《ばっこ》していることから、当時の一般庶民はもう一度菖蒲の節供をやりなおすことで、こんどこそ「天狗」を追い払おうと考えたのだろう。

さきに見た夜水の習俗もそうだが、こうした季節はずれの菖蒲葺きの習俗を見ても、当時の一般民衆は飢饉のまえでただうろたえ騒いでいたわけではなく、彼らなりの合理的思考や呪術的感性を働かせて大飢饉を乗り越えようとしていたことがわかる。このようなふつうの人々のたくましい営為は、私には室町殿の禁酒令や「徳政」などよりも、はるかに現実生活に根ざした価値あるもののように思える。

# 騒擾の都

いつしか季節は真夏の新暦八月を迎えていた。七〇頁の降雨日数表をみると、応永二七年（一四二〇）新暦八月にはとうとう雨は一ヵ月に四日しか降らないという破滅的な事態となっていたことがわかる。田植え時の渇水、それに加えて空梅雨、ただでさえ最悪の状況が重なるなかで、真夏の残酷に照りつける太陽は痩せた稲を次々と立ち枯らせてゆく。七月二日（新暦八月二〇日）には、ついに満済が中心となって弘法大師《こうぼうだいし》以来の雨乞いの伝統をもつ神泉苑で、孔雀経法《くじゃくきょうほう》などあらんかぎり祈禱を行うことになる。

## 祈禱に効果なし

しかし、この企画は誰が祈禱メンバーに加わるかという人選の問題をめぐって紛糾したあげく、けっきょく祈禱の後も、ひび割れる大地にほとんど雨が降ることはなかった。いまさら何をしたところで、今年の秋の収穫が絶望的なものであることは、もはやこの時点で多くの人々に予測されていたはずである。

それでも七月八日（新暦八月二六日）には、今度は仁和寺の僧侶が中心になって、懲りずに、ふたたび神泉苑で孔雀経法の祈禱が行われている。しかし、これもなんの効果も生まなかった。それどころか、古来、平安京の雨乞いの神であった貴船神社をないがしろにして密教系寺院の雨乞い祈禱ばかりをもっぱらにしたために、きっと貴船大明神が怒っているにちがいないとでも思ったのだろうか。民衆のあいだでは「この干天は貴船大明神の祟りなのだ」というもっともらしい噂まで広まってしまっていた。

ついには同二一日（新暦九月八日）、後小松上皇は、満済を介して神泉苑を管理する東寺に対して、せめて神泉苑の池水を周囲に住む者たちのための農業用水に転用しよう、という窮余の一策を口にするにいたる（『廿一口供僧方評定引付』）。ことここにおよんで、さすがの後小松も祈禱の無意味さを悟って、せめてもの実利的な方策を模索しはじめたのかもしれない。しかし、この後小松のささやかな提案すらも東寺の寺僧たちの「昔から、そのようなことをした前例はありません」（「往古よりさらにこれらのごとき儀あるべからず」）という強硬な反対のまえに撤回を余儀なくされてしまっている。

一方、同じ頃、義持の「徳政」も混迷を深め、みじめな空回りをはじめていた。神泉苑で最初の祈禱が行われたのと同じ六月二九日、義持の住む御所では、側室である西御方《にしのおんかた》（洞院氏）の部屋に魚のフナが降ってくるという「不思議の事」がおこる。おおかた魚をくわえた猫が屋根から落としたのか何かなのだろうが、この「不思議の事」は迷信深い義持の心胆を寒からしめた。これを不吉と考えた義持は、その後、気の毒にも、この西御方を無理やり出家させ、御所から追い出してしまったのである。

## 血なまぐさい世相

ついで七月一五日（新暦九月二日）には、お盆の施餓鬼《せがき》供養（死者への追善供養）が洛中の諸寺でとり行われた。しかし、この施餓鬼供養の直後、大徳寺では、寺の長老が何者かによって殺害されるという陰惨な事件がおきてしまう。日ごろ長老に恨みをもつ者の犯行か、それとも物盗りの仕業か、けっきょく犯人はわからずじまいだったという。のちにも見るが、施餓鬼供養では、仏前に供えた食物などが儀式の後に参列者に下げ渡されることになっていた。そのため、この頃の施餓鬼供養の場では、下し渡される供物を目当てに様々な人々が寺内に入り込み、ときには寺内が騒然とした空気に包まれることすらあった。長老の殺害は、きっとそんな混乱のなかで引き起こされたものだったのだろう。

また、この日、同じく相国寺で行われた施餓鬼供養では、施餓鬼の最中、突然、喝食《かっしき》（禅寺の稚児）たちのあいだで猛烈な石合戦が展開している。この日の相国寺の施餓鬼供養には、よりにもよって義持が参列していた。しかもあろうことか、運悪く、そのうちの一石が義持の頭部に当たってしまったのである。前代未聞の珍事！　鎌倉から江戸までの歴代将軍のなかでも、頭に石を投げつけられたのは、彼ぐらいではないだろうか。本人もさぞかし驚いたことだろう。もちろん、それが彼を意図的に狙ったものなのか、たまたま当たっただけなのか、一切わからない。いずれにしても、この時期、京都に住む人々のあいだにも確実にフラストレーションが蓄積されており、それがこうした施餓鬼などの祝祭の場で熱狂的に噴出されるものになっていたのである。この事件はまかり間違えば、そのはけ口が政権や室町殿個人にも向けられる危険のあることを義持に思い知らせたにちがいない。義持が「天下飢饉」を理由にして、来月八月一日の贈答儀礼、八朔を中止するように諸方に命じたのは、その翌日のことである。

その後、義持の周囲では、なぜか血なまぐさい事件が頻発している。八月一三日（新暦九月二九日）に嵯峨の鹿王院の転経《てんきょう》供養に参列したときには、寺中で力者《りきしゃ》（寺院の従者）と輿《こし》担ぎの者が喧嘩をはじめ、とうとうお互い刺し違えて死んでしまうという事件が起きる。血の穢れを嫌った義持はこれを聞いて青ざめて、供養も途中というのに逃げるように鹿王院をあとにしたという。また、八月二四日（新暦一〇月一〇日）に石清水八幡宮に参《さん》籠《ろう》したときには、警護にあたっていた土岐《とき》氏の一族が親戚同士で諍《いさか》いをはじめ、こちらもお互い刺し違えてしまう。このときは二人とも即死ではなかったので、慌てて周囲の者たちが瀕死の二人を神社の境内から引きずり出し、彼らは神社の外で絶命した。中世の人々は総じて誇りたかく、こうした闘乱はいずれもさして珍しい話ではないのだが、ここまで似たような事件がたて続くと、さすがに義持も精神的にまいってしまったようだ。石清水から帰った八月二八日（新暦一〇月一四日）、義持はとうとう病の床につく。

ところが、病床の義持をさらなる醜聞《スキャンダル》が襲う。当初「風気《ふうき》」（風邪）と診断された義持の病気は、その後、半月経っても、いっこうに改善の兆しが見られなかった。それどころかどんどん病状は悪化していたのである。そんななかで、義持の病気の原因はじつは「風気」などではなく、主治医である高間《たかま》某《なにがし》が義持に「狐」を憑《つ》けたのがすべての原因だ、という不穏な噂が流れはじめた。なんとも不気味な噂であるが、どうもそうした噂は、それまで足利家の主治医の座を独占してきた坂《さか》氏一門が、その座を奪った高間氏を追い落とすために仕組んだものだったらしい。

## 「狐つき」事件

しかし、ひとたび噂が流れ出すと、不安定な世情も手伝って、それは一人歩きをはじめ、九月一一日（新暦一〇月二七日）、ついに高間ら一党は幕府の侍所によって捕縛されてしまう。そして厳しい拷問のすえ、高間はみずからの罪を認め、一〇月一〇日（新暦一一月二四日）、そのほかの「狐憑き」に関わったとされる者たちとともに一斉に流罪に処せされることになる。しかも、気の毒にも張本人とされた高間は、けっきょく、その配所に流される途中で何者かによって殺されてしまったという。

このほか、同じ頃には後小松上皇の仙洞御所で御所侍と女官のスキャンダラスな密通事件もおきている。破滅の予感を抱えながら、人々は疑心暗鬼の虜《とりこ》になり、世相はより混迷を深めていた。もちろん、これらの不始末は決して義持一人の責任ではないのだが、「徳政」を掲げながらも、ことごとく事態が裏目に出てゆくなかで、義持自身、孤独感を日増しに深めていくことになる。

## 大飢饉と損免要求

その頃、田植え時以来、うんざりするほど続いていた晴天は、なぜか応永二七年（一四二〇）七月後半（新暦九月上旬）に入るとピタリと終わる。しかし、かわりに夏にあれほど祈っても降らなかった雨が、皮肉なことに、これまでのぶんを取り返そうとするかのように、とめどなく降りはじめたのである。降雨日数表を見ると、新暦九月に入ると、新暦八月とは打って変わって降雨日数は一気に一二日に激増していることがわかる。つづく新暦一〇月の降雨日数も一三日と、皮肉な雨は降り続く。

### 豪雨・洪水・台風

日記のなかでは「甚雨《じんう》」という表現が見られるから、相当な豪雨だったのではないだろうか。さらに、この長雨の最中に台風も立て続けに襲来したらしい。八月一二日（新暦九月二八日)には、関東の鎌倉と常陸《ひたち》で同時に「洪水」が発生している。また、九月二日(新暦一〇月一八日)には陸奥で「洪水」。九月一〇日(新暦一〇月二六日)には、伊勢内宮の社殿も「大風」により破壊されている。田植え時の渇水と、田植え後の空梅雨、そして夏の酷暑を乗り切って、奇跡的に痩せた穂をつけたわずかな稲も、ここにきて長雨と台風のまえに薙《な》ぎ倒されてゆく。通常、旱魃型飢饉と称される応永の大飢饉であるが、事実経過を見てゆくと、それに加えて九月～一〇月の刈り入れを前にした長雨と台風の直撃が、最終的には壊滅的な打撃につながったようである。あとには、痩せた稲が泥土に浸かった哀れな姿が、死屍累々という感じで荒野にむなしく広がっていた。

しかし、中世を生きた百姓たちにとって過酷であったのは、一方でこうした無慈悲な自然と闘いながらも、一方でもうひとつの闘いも展開しなければならなかった点にある。収穫のはじまった秋は、百姓たちにとっては「政治」の季節でもあった。彼らは毎年秋になると荘園領主に納める年貢のうちから「損免《そんめん》」とよばれる控除を引き出すために、虚々実々の政治交渉を行うことになる。まして、今年のように大飢饉に直面した場合、百姓たちは荘園領主への損免要求に全精力を傾けざるをえなかった。

## 荘園領主の会議録を読む

東寺に残された寺僧たちの会議録（『廿一口供僧方評定引付』）をめぐってみると、この時期、荘園領主と百姓たちのあいだで損免をめぐる熾烈《しれつ》な応酬があったことがうかがえる。たとえば、この応永二七年八月二三日（新暦一〇月九日）には、収穫が壊滅的であることを早々に見越した播磨国矢野荘（兵庫県相生市）から損免要求が出されていることがわかる。矢野荘の年間の総年貢額は額面で約二〇〇石だったが、このときの寺僧会議では百姓たちの損免要求を受け入れ、そのうち二〇石分を免除することが認められている。一〇％の控除である。

一方、四日後の二七日（新暦一〇月一三日）には、こんどは大和国河原荘《かわはらのしょう》（奈良県天理市）の代官豊田氏からも大和国が「一国平均損亡」といわれるほどの破滅的な状況であることを理由にして、損免要求が出されている。しかし、このとき寺僧たちは、この損免要求をあっさり斥《しりぞ》けてしまっている。というのも、この河原荘は矢野荘と違って代官の「請《うけ》切地《きりち》」、つまり豊作・凶作に関係なく一定の年貢を納めるというのが代官就任時の契約だったのだ。請切地の場合、代官は豊作になっても年貢は一定額以上納める必要はなく、年貢の残りは自分の利益とすることができたが、反面、こうした飢饉の場合でも一定額は絶対に納めなければならなかった。寺僧たちも自分たちの収入が減る以上、そう簡単に損免要求を認めるわけにはいかない。河原荘の場合、彼らはこの請切地契約を楯にして損免要求を斥けたのである。

しかし、秋も終わりになって、いよいよ今年の収穫が絶望的であることが明らかになってゆくと、さらに百姓たちの損免要求は激しさを増してゆく。一〇月八日（新暦一一月二二日）には、矢野荘からさらに二〇石分の損免が要求され、これが認められている。都合、四〇石、二〇％の控除である。しかも矢野荘の場合、記録には残っていないが、この月のうちにさらに二〇石の損免が認められたらしい。都合、六〇石、三〇％の控除である。それでも寺僧たちは、わずかな年貢に期待をかけていた。ところが、一〇月二九日（新暦一二月一三日）、いよいよ矢野荘からの年貢が到着するはずの日、待てど暮らせど、いっこうに年貢は届かない。かわりにやってきたのは、矢野荘の代官だった。彼は寺僧たちのまえで、年貢を納めたくても納められない事情をさらに縷々《るる》訴えた。やがて「重々問答」のすえ、代官の哀訴嘆願は入れられた。けっきょく、その場でさらに四〇石の年貢が免除され、この年、矢野荘の年貢は都合一〇〇石の損免を認められることになった。こうして荘民たちは、ここでついに半額、五〇％の控除を勝ち取ったのである。

### したたかな百姓たち

なお、荘民たちはこれに味をしめたのか、翌月五日（新暦一二月一九日）には重ねて雑穀年貢の納入についても損免を願い出ている。さすがの寺僧たちも、このときは「雑穀については、いままで何もいってこなかったのに、いまになって損免を願い出るなんておかしいじゃないか」(「前々さらにその沙汰なく、いま始めて損免の沙汰、しかるべからざるか」) と怒りをあらわにしている。矢野荘の本年貢の損免要求の特徴は、二〇石という少額の減免をなんども申し出ているというところにあるが、これには損免に対する荘園領主側の心理的抵抗を麻痺させるという戦術的な面だけでなく、あわせて逐一、現地の被害状況を報告することで、その損免要求にリアリティーをもたせるという効果も併せもっていた。だから、寺僧たちも今回の雑穀年貢については、それが便乗的な損免要求であることを見抜いて色をなして怒ったのである。しかし、寺僧たちも飢饉であるという事実までをも否定することはできず、けっきょくここでは雑穀についても四分の一の損免が認められてしまっている。

また、一一月二四日 (新暦一月七日) になると、もう一方の河原荘についても、被害状況があまりに深刻であることから、寺僧たちもそうそう請切地であることを理由にして損免要求を突っぱねることはできなくなっていた。繰り返された代官からの嘆願に、けっきょく東寺は大幅に譲歩して、二〇貫文の年貢のうち一〇貫文を免除することを決めた。ここでも半額、五〇%の減免である。しかも、一〇貫文のうち五貫文については、来年まで納入は猶予するという寛大な措置であった。

このほか、後年の奈良・興福寺の記録には「応永二十七年の事、一国一向収納なし」という記述も見えるから、当時、本当に大和国の飢饉被害は大きかったのだろう。ただ、このときの興福寺では、年貢収納がまったくなくなってしまったために寺内で働く公人《くにん》たちにも給与が払えなくなってしまい、興福寺側と公人側の関係が険悪になるという事態も起きている。けっきょく、このとき興福寺は、自腹で公人たちの給与の半額を支払い、年明けに残りの半額を大豆などで支払うということで、公人たちの不満を鎮めている（『多聞院日記』文明一五年一二月二八日条）。荘園領主のもとで働く公人たちも、百姓に負けず劣らず、なかなかにしたたかな連中だった。このような公人たちによる報酬保障要求や、百姓たちによる執拗な損免要求にさらされた結果、荘園領主たちも大飢饉によって無傷ではいられず、むしろかなり手痛い打撃をうけていたようである。

この年の秋には、天龍寺領近江《おうみ》国建部《たけべ》荘（滋賀県東近江市）で荘民たちによる大規模な年貢滞納運動までが起きている（「天龍寺重書目録」）。このとき幕府は一一月二四日（新暦一月七日）付で天龍寺に対して徹底的な糺明を行うことを許可し、もし荘民たちが近隣の領主のもとに逃げこんだ場合、その領主に対してはかわって幕府が糺明することを明言している。室町幕府が民衆運動に対してここまで強圧的な姿勢を示したことは、これ以前に例がない。荘民たちも必死ならば、幕府も必死だった。両者の関係は大飢饉を契機にして、地域によっては抜きさしならないところまで行きついていたようである。

気がつけば、季節は冬を迎えていた。春から夏にかけての旱魃、秋の長雨という、未曾有の困難を経験した狂瀾怒濤《きょうらんどとう》の応永二七年は、慌しく暮れていった。しかし、年貢半減を勝ち取った人々も、手元に残されたわずかな収穫物をもとにして、すくなくとも初夏に麦が実るまで、新しい応永二八年という年をなんとしても生き抜いてゆかねばならなかった。将軍の「徳政」や寺社の祈禱がなんの意味をもたないなかで、夜水などの用水慣行や季節はずれの菖蒲葺き、あるいは損免要求などを駆使した人々が最後に頼ったのは、いったい何だったのだろうか。

難民は首都をめざす

# 大飢饉のクライマックス

## 春の惨状

中世の人々は春に多く死ぬ――。

この衝撃的な事実は、千葉県松戸市の本土寺という日蓮宗寺院に残された中世の過去帳《かこちょう》（檀徒《だんと》の戒名《かいみょう》・死亡年月日などを記録した帳簿）の死亡月データをもとに、田村憲美氏によって明らかにされたものである。田村氏によれば、秋の収穫を十分に得られなかった中世の人々は、その後、蓄えを食い潰しながら、なんとか翌年まで生き続けるものの、初夏の麦の収穫を待ちきれないで、春になると次々と死んでゆくのではないかという。つまり、中世では、とくに飢饉というわけではなくても、稲の収穫（秋）と麦の収穫（初夏）との端境期に、餓死、もしくは栄養失調による病気の併発によって人々が死んでしまうというケースが非常に多かったようなのである。まさに中世は慢性的飢餓状態にあったのだ。

応永の大飢饉の展開を見てみても、実際、悲惨なのは収穫時よりも、むしろ年が明けて応永二八年（一四二一）春になってからだった。能登の『永光寺年代記』にも応永二七年条には「大旱」とあるだけだが、翌二八年条には「大餓死」と記されている。

この年、伏見荘では、正月一五日（新暦二月二六日）には、早々に恒例の荘民たちの風流《ふりゅう》（仮装行列）の規模が縮小されてしまっている。理由は「当年天下飢饉により民力微弱」というものだった。そして、二月に入ると、体力が弱ってきたところで続々と病気に罹《かか》る者が現れだしたらしい。二月三〇日（新暦四月一一日）の夜、伏見荘の鎮守である御《ご》香宮《ごうのみや》の巫女《みこ》の家から突然火事が起こり、黒煙が火の粉を散らし天高く舞い上がった。当時、伏見荘内ではとくに石井村に病人が多かったことから、貞成はこの真っ黒い雲が石井村上空にたなびくのを見て、いよいよ地獄の使いの乗る「火車《かしゃ》」がここにも降臨したか、と、その戦慄を日記に書きつけている。

さらに三月一〇日（新暦四月二一日）になると、伏見荘の荘民たちは「天下飢餓」を理由にして、春に恒例で行われる御香宮の猿楽《さるがく》の開催を秋に延期してほしいと貞成に申し出ている。すでに荘内では多くの荘民が「首陽《しゅよう》に赴《おもむ》く」（＝餓死する）ことになってしまっており、残された人々だけではプロの猿楽師に支払う報酬を工面することなど到底できなくなっていたのである（なお、これまでほとんどの研究者が本史料に見える「首陽に赴く」という言葉を「京都に向かう」と解釈しているが、これは中国の首陽山の故事に由来する「餓死する」という意味の慣用表現である）。しかし、三月二四日（新暦五月五日）になると、御香宮に仕える宮聖《みやひじり》の一人が疫病に罹って発狂し、「猿楽延引しかるべからず」という「神託」を口走ったかと思うと、息絶えるという不気味な事件がおきる。そのため、この「神託」に驚いた荘民たちは騒然となり、御香宮の社前で「地下一庄会合」という緊急会議が招集されるまでにいたる。

けっきょく、この会議の結果、猿楽は秋を待たずに四月一〇日（新暦五月一九日）に開催されることになるが、これらのエピソードからも当時の一般の人々が困窮状態のなか、いかに混乱し、右往左往していたかがうかがえるだろう。いずれにしても、初夏に麦が実るまで、なんとしても、この春を乗り越えなければならない――。それが当時の人々の共通の思いだった。いよいよ大飢饉はクライマックスを迎えていたのである。

## 行き場を乞う難民

しかし、食糧が欠乏した状態で、どうやってこの春を生き抜いてゆけばよいのだろうか。この時期の年代記などを見てゆくと「山野・江河に亡人充満す」という記述も見えるから（『暦仁以来年代記』）、まずひとつには近隣の山野や河川に向かい食物を確保しようという動きがあったのだろう。飢饉になると、人々が山野に生えているワラビを採って飢えをしのぐという光景は、当時は、よく見られるものだった。また、海や河に棲む魚貝も重要なエネルギー源になっただろう。しかし、それにも限りがある。そこで、彼らが考えついた最後の避難所が、ほかならぬ首都・京都だったのである。『看聞日記』の二月一八日条には、有名な以下のような記述が見える。

そもそも去年炎旱飢饉のあいだ、諸国貧人上洛す。乞食充満し、餓死者数を知らず路頭に臥《ふ》すと云々。よって公方より仰せられ、諸大名五条河原に仮屋を立て、施行《せぎょう》を引く。食を受け酔死する者また千万と云々。今春また疫病興盛し、万人死去すと云々。天龍寺・相国寺、施行を引き、貧人群集すと云々。

（ところで、去年の炎旱による飢饉のために、諸国の難民が京都に流入してきている。都は乞食で充満しており、餓死者の死体も無数に道端に転がっているらしい。そこで、室町殿からの命令で諸大名が五条河原に仮屋を設営し、食物の施しを行っている。しかし、せっかく食物をもらっても、急に食物を口にしたためにショック死してしまう者も、また多数いたということだ。さらに、この春に疫病まで流行して、おおぜい死んでしまったという。天龍寺と相国寺も食物の施しを行い、そこにも難民が群集しているという。）

ここに記されているとおり、年明けから首都京都には、行き場を失った諸国の難民がつぎつぎと殺到するという異常現象がおきていた。この難民の首都流入現象は、このあとの寛正の大飢饉にも見られる現象で、室町時代の飢饉の大きな特徴といえる。ちなみに、寛正の大飢饉のときは同じ事態が「諸国の難民が乞食になり、京都に集まっている。前年の一〇月頃から京都は難民であふれかえり、その数は幾千万とも知れなかった」(「諸国の者ども乞食になり、京都へ上り集まる。去年十月ごろより洛中充満。幾千万という事を知らず」)と記録されている(『経覚私要鈔』寛正二年三月二六日条)。

すでに「なぜ巨大飢饉は起きたのか?」の章で見たように、この時期、列島の富は京都に住むひと握りの人々のもとへ集積される構造になっていた。そうした京都への富の異常な移動を日常的に横目で眺めていた当時の人々が、いざ飢饉が起き、生活に窮したとき、その富の行方を追って京都へ向かうのは、ある意味で当然のことといえる。それは、現代において発展途上にある国の人々が続々と先進国に富を求めて流入してくるのに、恐ろしいほどによく似ている(その富がかつて途上国から吸引されたものであるということまでも!)。今も昔も人々は決して座して死を待っていたわけではない。京都は彼らに残された最後の新天地だったのである。

## 都市機能壊滅

ただし、首都での生活は決して楽園ではなかった。それは先に掲げた『看聞日記』の記述にも、食に飢えた人々が急激に食べ物を口にしたためにショック死したという話や、疫病が流行って多くの人々が死んでいったという話があることからも明らかだろう。「なぜ巨大飢饉は起きたのか?」の章で見たように、当時の京都はただでさえ異常なまでの物価高に見舞われており、人々にとって決して生活しやすい環境ではなかった。すでに早くも応永二一年(一四一四)には、朝廷の地下官人《じげかんじん》(下級役人)たちが諸物価高騰(「毎物高直《たかね》」)のために天皇の即位儀礼が行えない、と悲鳴をあげている。人口過多であった室町時代の京都では、つねに物資供給に対して需要が上まわる状態が続いていたのである。さきに「足利義持の『徳政』」の章で宋希璟の京都の宿舎にタケノコ泥棒が出没したというエピソードを紹介したが、そこからもわかるように、すでに大飢饉のなかで京都に住む人々の生活は少なからず逼迫していた。そこにきて途方もない数の飢饉難民を抱え込んでしまったために、京都の流通経済は完全にパンクしてしまうことになる。とうとう京都には食糧をはじめとする物資がまったくなくなってしまったのである。

この難民たちの殺到によって生じた京都での二次的な飢餓状態を、東島誠氏は都市流入型飢饉とよんでいる。実際、京都では難民たちの生活のみならず、それまで京都に生活していた一般の町人たちの生活まで一気に立ち行かないものになっていった。たとえば、東寺の門前には寺の雑務を引き受ける町人たちが多く集住していたが、そのうちの一人である左衛門二郎は、五月一七日（新暦六月二六日）、食べる物がなくなり気の毒にも餓死している。それまで彼は病気で臥せっており、病気自体はしだいに快方に向かっていたものの、けっきょく食物が手に入らないまま餓死してしまったようだ（『廿一口供僧方評定引付』）。しわ寄せがつねに左衛門二郎のような低所得者層を中心に降りかかるのは世の常である。

この時期の京都がいかに壊滅的な状態にあったかは、最近の発掘成果からもうかがうことができる。図11―①は、京都市内のさまざまな時期の遺構（土坑・井戸・溝など）をひとつ発掘したさいに、それぞれ何種類の陶磁器が出土するかをグラフ化したものである（考古学者の鋤柄《すきがら》俊夫氏の作成）。それによれば、京都の遺構では中世全般を通じて均一に陶磁器が確認されるわけではなく、時期によってかなりの偏りがあることがわかる。とくに目をひくのは、一四〇〇年代前半の異常な落ち込みである。この時期の京都には陶磁器使用の痕跡がほとんど確認できないらしいのだ。

その傾向は、鋤柄氏がまとめた、もうひとつのすり鉢・ねり鉢などの陶磁器の出土量のグラフ（図11―②）ともほぼ一致する。いずれのグラフからも応永の大飢饉が起きた一五世紀の第一四半世紀（一四〇一～二五）の一時期に京都では深刻な陶磁器の欠乏状態が確認できるのである。もちろん直接の原因がなんであるかは、これだけのデータではなんともわからない。大飢饉によって地方の生産地や輸入窓口が壊滅したのか、それとも大飢饉

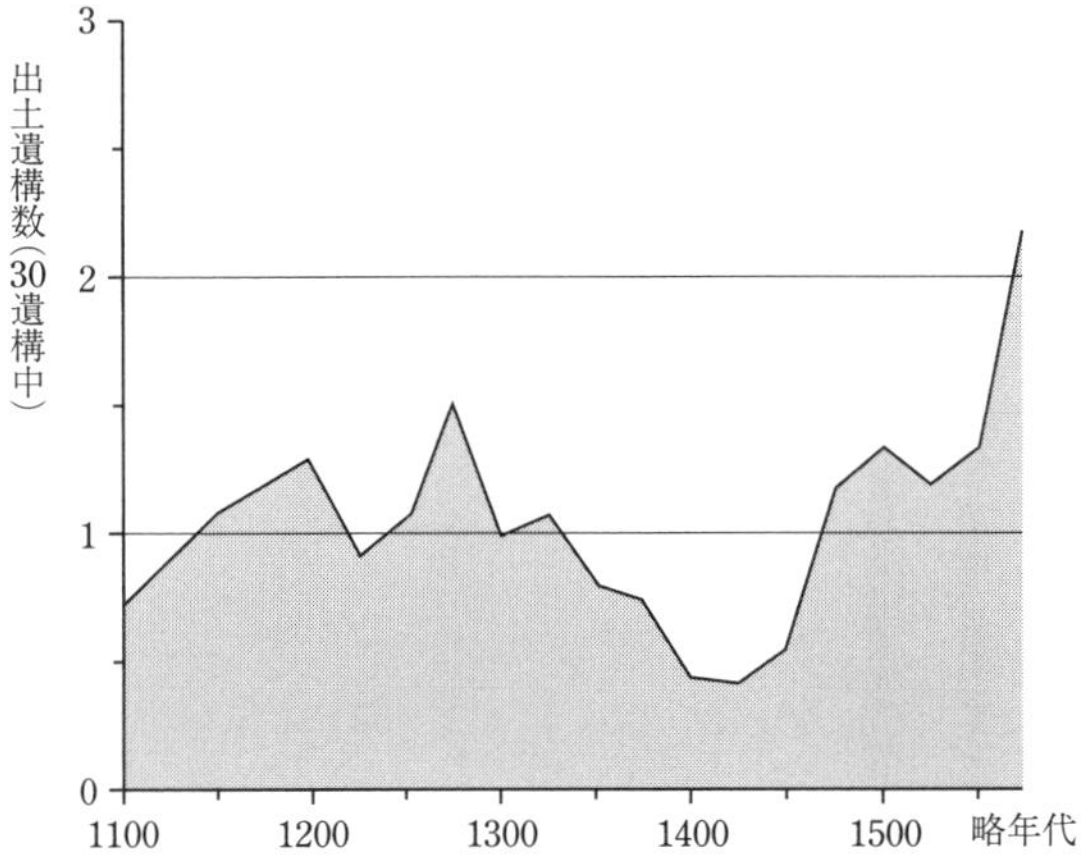


図11—①　陶磁器出土比率の変遷
（鋤柄俊夫「土器と陶磁器にみる中世京都文化」より）

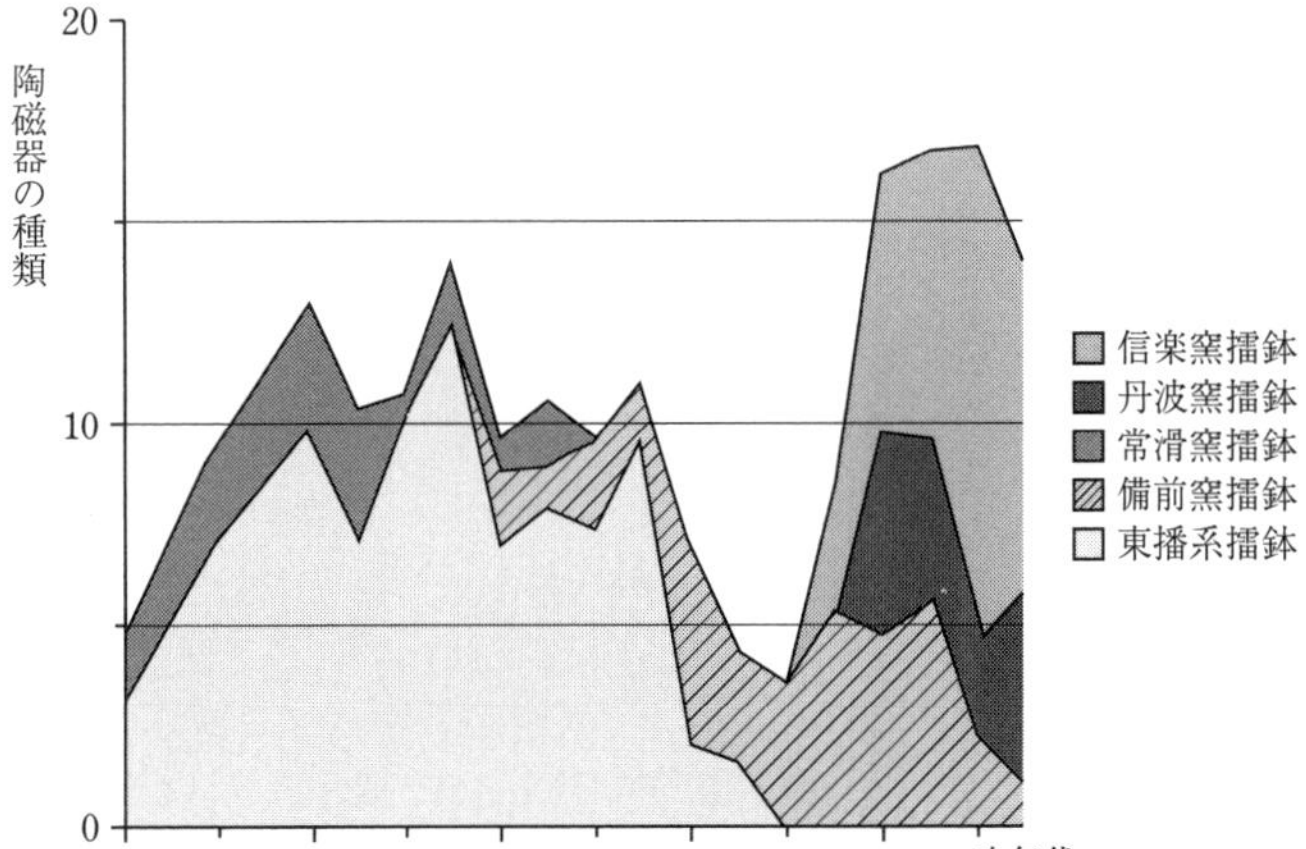


図11—②　すり鉢出土量の変遷（前同）

に起因する流通構造の寸断という事態がおきていたのか、それとも都市住人が困窮のあまり製品を購入できなくなったのか。いずれにしても、ここから当時の京都に住む人々の生活がかなりの苦難を強いられるものになっていたことは容易に想像できる。同じ室町時代では一四六七年の応仁の乱によって京都が灰燼《かいじん》に帰したということは一般にもよく知られている話だが、このグラフでは、むしろ応永の大飢饉前後の数値の落ち込みのほうがはるかに深刻だったことがうかがえる。

さらに、図11―②のグラフを細かく見れば、このときを境にして京都市内の出土陶磁器が東播磨産を主としていた状況から、がらっと信楽《しがらき》産・丹波産・備前産を使い分ける状況に移行していることが確認できる。これについては一四四一年に播磨でおきた赤松満祐《あかまつみつすけ》討伐戦争の影響も考えねばならないだろうが、明らかに変化の予兆はそれ以前から起きている。あるいは応永の大飢饉は、日本列島の物流構造すらも大きく転換させる契機になってしまったのかもしれない。

## 死神たちの乱舞

やがて難民流入現象の余波は、都市生活のみならず、都市に生きるすべての人々の生命すらも脅かすことになる。大飢饉の最後を締めくくるのは、過密人口のなかでの疫病の蔓延という末期的な事態の到来である。

このとき京都に殺到した難民のなかには、そのまま力尽きて京都で息絶える者も少なくなかった。当時の年代記に「洛中死体を踏みゆく。車をもって死体を運び、山のごとく積む。幾千万とも知らず」（『立川寺年代記』）という記述が見えるように、洛中には足の踏み場もないほどに死体が転がっていたのである。身寄りのない彼らの遺体は、そのまま路頭や河原に放置され、やがて春の訪れとともに腐乱し、そのまま病原菌の温床となってゆく。ただでさえ人口過密な京都であるうえ、飢餓状態での栄養不良も重なって、瞬く間に疫病は都市民のあいだで大流行をみせる。これが大飢饉のあと、春から初夏にかけて二次的な災害となって人々に襲いかかることになる。飢饉→京都への難民流入→疫病流行という流れは、ほとんど室町時代の飢饉の基本パターンだった。

　京都では、すでに二月から「疫病興盛し、万人死去す」という状態だったが、四月になると疫病の猛威はさらに激しいものになり、一般の町人だけではなく、四月一六日（新暦五月二六日）には内大臣の大炊御門《おおいみかど》宗氏《むねうじ》や大内記の東坊城《ひがしぼうじょう》元長《もとなが》といった公家たちまでもが命を落としてしまうことになる。翌日、すでに疫病に罹っていた権大納言の中山《なかやま》満親《みつちか》は、余命が短いことを悟り、出家し、九日後に死去する。さすがに当時の人々にも疫病は伝染するものだという認識はあったので、一三日（新暦六月二日）になると、嵯峨に住んでいた貞成の異母弟、椎野《しいの》寺主《じしゅ》が嵯峨でのあまりの疫病流行に罹患を恐れ、貞成を頼って伏見まで避難してくる。この時期は『看聞日記』を見てゆくだけでも、毎日のように名のある公家や僧侶たちが疫病のまえに倒れていったことがわかる。

以下、機械的に列挙してゆくと、三条実継《さんじょうさねつぐ》の二人の息子で仏門に入っていた報恩院公《ほうおんいんこう》海《かい》と日厳院《にちごんいん》両継《りょうけい》がそれぞれ三月一九日（新暦四月三〇日）と四月一七日（新暦五月二七日）に相次いで死去。四月二三日（新暦六月二日）には曼殊院門跡覚什《まんじゅいんもんぜきかくじゅう》が死去。曼殊院は二月一二日（新暦三月二四日）に前門跡良順《りょうじゅん》を亡くしたばかりであり、立て続けに門跡二人を失うという異常事態であった。ついで四月二六日（新暦六月五日）には公家の木造俊《こづくりとし》康《やす》と前述の権大納言中山満親が死去。同二八日（新暦六月七日）には、他ならぬ貞成自身の顔が原因不明で腫れあがる。貞成も日記に「天下病の事、恐怖極まりなし」と悲鳴を書き残しているように、見えない恐怖のまえに、もはやみな運を天に任せるしかない事態であった。この間、四月四日（新暦五月一四日）には、東国で伊豆大島までが噴火しており、その爆音は雷のようで、周囲の海水は熱湯のように煮えあがり、多くの魚が死んだという（『南方紀伝』）。

### 神様を流罪に処す

天変地異のまえで高まる不安のなか、朝廷は四月二三日（新暦六月二日）、唐突に京都にある五条天神社に対して「流罪」の宣下《せんげ》を行っている。つまり、五条天神という神様を「流罪」に処するというのである。まったく現代に生きる私たちには意図不明な行動であるが、これを分析した瀬田勝哉氏によれば、そもそも疫病神であった五条天神を流罪に処することで、現世の罪や穢れのすべてを背負い込ませ、疫病退散を図ろうとしたのだという。いわば「流し雛《びな》」の発想である。その後、五月一三日（新暦六月二二日）には朝廷で「天下飢饉・病事の御祈り」のため諸社奉幣が行われ、伏見荘では五月一八日（新暦六月二七日）に荘内の即成院《そくじょういん》で百万遍念仏が開催されている。当時、社会は公家・武家・庶民を問わず、出口の見えない混乱のなかで仏神への傾斜を強烈に深めていた。中世に生きる彼らにとっては、そうした宗教的・呪術的対応こそが最も有効な自然への立ち向かい方なのであった。

ところで、「仏神への傾斜」といえば、昨年の「狐つき」事件の後、病状の回復した義持である。このとき彼は、年が明けて二月後半には伊勢参宮に出かけており、三月上旬には義持室の日野栄子《よしこ》が熊野《くまの》参詣《さんけい》に出かけたのにあわせて、ふたたび伊勢参宮、同月下旬には日吉社参詣に出かける、というように凄まじい勢いで寺社参詣を重ねている。表向きは参宮・参詣ということであり、ここにも混乱のなかで仏神にすがろうという彼の個性が反映されているともいえるかもしれない。ただ、このときにかぎって、やたらと遠方にばかり行きたがる傾向はすこし怪しい。あるいは、この京都の災厄から少しでも逃がれようという姑息な心理があったのかもしれない。

ともあれ、この室町殿すらも狼狽させた「疫病興盛」のなかで、とりわけ貞成を強く打ちのめしたのは、貞成が幼い頃に親戚同様に面倒をみてくれた今出川《いまでがわ》一族を襲った悲劇であった。今出川家では四月二六日（新暦六月五日）に家司《けいし》の三善興衡《みよしおきひら》とその娘が死んだのを皮切りに、五月一九日（新暦六月二八日）には青侍《あおざむらい》の宗親、同二二日（新暦七月一日）には嫡孫公富《きんとみ》の五歳の息女が死去。身分の低い者や抵抗力のない幼い者からしだいに倒れはじめる。そして六月までには今出川家の家司など関係者、計一七人が死去し、六月一一日（新暦七月一九日）には公富の妻までが世を去る。ここまでくると貞成ならずとも「家門すでに滅亡か」と天を仰がずにはいられなかった。ついには六月一四日（新暦七月二二日）、前左大臣で貞成の養父でもあった当主、今出川公行《きみゆき》が亡くなる。この時点で今出川家関係者の死者は二八人にものぼっていたという。最終的に八月には、長く臥せっていた嫡孫の今出川公富までも二三歳の若さで死去してしまい、今出川家で生き残ったのは、かねて父公行と不仲で疎遠になっていたことから感染を逃れた実富《さねとみ》だけになってしまう。まさに家門断絶にかぎりなく近い惨状だった。

## 都市は「アリ地獄」？

こうした応永の大飢饉の例にかぎらず、見た目の華やかさに反して、現実の都市の生活はいつも過酷な実態をもっていた。物価問題や衛生問題、あるいは治安問題、これらは超歴史的に都市生活の負の属性と考えられている。事実、歴史人口学の成果によれば、ヨーロッパや日本では前近代の都市部の死亡率は農村部よりも高く、周辺部からの人口を吸収するわりに都市自体の人口再生産力は低かったという。

こうしたことから、歴史人口学では「都市」はしばしば「アリ地獄」と形容されるし、ヨーロッパ史では「都市＝墓場説」なる学説まで存在する。あるいは、同じことを多少ドライにいって、都市を増えすぎた周辺人口を吸収する「人口調節装置」と定義する場合もある。しかし、そういってしまっては、それにもかかわらず飢饉のなかで都市へと向かっていった当時の人々が私にはあまりに哀れでならない。彼らは本当にそうなることとは知らずに京都へ向かっていってしまったのだろうか？　それとも、わかっていながら自殺行為的に京都に向かってしまったというのか？　当時を生きた人々の心性を、当時の人々と同じ眼線で、私たちはもっと積極的にとらえることはできないのだろうか。そもそも、なぜ人々は、そんな「アリ地獄」のような場所をめざしたのだろうか？

## 「有徳空間」京都

もちろん難民が都市をめざすのは、直接にはそこに〝富〟があるからである。当時の京都がどのようなシステムで列島の富をかき集めていたのかは、「なぜ巨大飢饉は起きたのか?」の章で詳しくみた。とくに当時は代銭納制によって本来的には労働奉仕であるはずの諸荘園の夫役までもが銭納化されていたため、京都ではつねに日雇仕事などの労働力に対する需要があった。ならば、京都にさえ行けばきっと仕事にありつくことができる、と追い詰められた難民たちがとっさに考えたとしても一向におかしくはない。しかし、そうした労働力需要の問題と並んで、当時の人々を京都へと向かわせた独特の背景としては、京都が「有徳人《うとくにん》」の集住地であると認識されていた、という事実も忘れることはできない。

### 有徳人の世紀

有徳人とは、当時の京都でいえば酒屋や土倉《どそう》に代表されるような富裕者のことをさす。とくに、この一五世紀という時代は「有徳人の世紀」とよばれるほど、彼らが幅広く活動し、大きな利益をあげ、社会的にも重視された時代だった。たとえば、『朝鮮王朝実録』には、日本の室町幕府の財政構造の特徴が「国家財政は貧弱で、すべては富裕者に依存している」（「国に府庫なし。ただ富人をして支待せしむ」）と誠に端的に表現されている。実際、都市型権力であった室町幕府の税制は、当時、有徳人とよばれた酒屋や土倉など富裕者への課税に大きく依拠していたのである。

ただ、ここでいう有徳人とは、たんなる金持ちの意味ではない。たとえば、永享一二年（一四四〇）、若狭《わかさ》国守護の武田信栄《たけだのぶひで》という者が下向《げこう》先で不可解な急死をとげているのだが、当時これは、彼が直前に領国の小浜《おばま》で有徳人を殺害したためだと噂されている（『師郷記』永享一二年七月二三日条）。つまり、有徳人とは、経済的に豊かなだけでなく、文字通り「徳」を兼ねそなえた人物であり、それを無益に殺害するのは祟りを招きかねない事態だったのだ。

もっと正確にいえば、史料中に有徳人がしばしば「有得人」と表記されることからもわかるように、日本中世において「富」をもつということ（「得」）と「徳」をもつということは、ほとんど同義だったのである。そのために、富をもつ者は相応の徳を社会に示す必要があると考えられていたのだ。これを「有徳思想《うとくしそう》」とよぶ。彼らに対する室町幕府の課税の根拠も、まさにこの有徳思想に由来していたのである。

## 都市と有徳人

この有徳思想は、様々なかたちで日本中世の社会のすみずみにまで行きわたっていた。たとえば、飢饉があれば、日本最大の「有徳人」である室町殿や諸大名には、京都にあふれる乞食たちに相応の喜捨《きしゃ》（「施行《せぎょう》」）を行うことが当然の義務として求められた。今回の応永の大飢饉の場合でも、実効性があるかどうかはともかく、足利義持は諸大名に命じて五条河原に仮屋を設営させて、殺到する難民たちに対して一定の施しを行っている。これも有徳思想に基づく慈善行為だったのである。

こうしたことは、なにも室町殿や諸大名だけの責務ではなく、寛正の大飢饉のときなどは、鞍智高春《くらちたかはる》という中級程度の幕府直臣ですらも、個人的に「銅銭数百枚」を道端の飢人に恵み、「草舎」を作って飢人を扶養するなどしている（『碧山日録《へきざんにちろく》』寛正二年二月一四日条）。また、戦国時代の京都では、庶民のあいだに節分の夜に「役おとし」（厄落し）のために年齢の数だけの銭を乞食に恵むという「雑事銭《ぞうじせん》」とよばれる風習まであったという（『宗長手記《そうちょうしゅき》』大永六年条）。これらの背景には、日本中世において乞食を聖なる者の化身と考える乞食観があったことも無視できないのだが、それらも含めた広義の有徳思想が当時の京都の人々には共有されていたのである。

もちろん有徳人は京都だけの存在ではなく、列島各地の様々な〝都市的な場〟に存在していた。さきに「足利義持の『徳政』」の章で宋希璟が京都に入るまえに、たくさんの難民が施しを乞う現場を目撃していたが、その場所こそは摂津国西宮。つまり西宮戎社の門前に開けた、典型的な〝都市的な場〟なのであった。きっとあのときの難民たちも、そうした〝都市的な場〟に住む有徳人たちから有徳思想の発露として施しがなされることを期待して、そこにたむろしていたのだろう。

また、もと興福寺大乗院門跡《だいじょういんもんぜき》で、いまは奈良郊外の古市《ふるいち》（奈良市古市町）に隠居している僧経覚《きょうがく》も、隠居先で毎年正月三が日に近所の乞食に「何人たりといえども」餅や銭を恵むのを恒例としていた。毎年この日には、経覚の住む迎福寺《げいふくじ》に、じつに三〇〇人もの乞食が大挙して押しかけて、経覚の施しをうけていたことが、彼の日記から確認できる。

ただ、寛正《かんしょう》の大飢饉の最中である寛正二年（一四六一）の正月だけは、さすがの経覚もパニック状態になるのを恐れて、他郷の乞食は締め出して、近所のもの一〇〇人だけに施しを行っている。未曾有の大飢饉のまえには、さすがに片田舎の有徳思想はひとたまりもなかったようだ。しかし、興味深いのは、こうした異常な規模の大飢饉や大災害などで、それぞれの地域で有徳人が独自に果たしていた機能が破綻してしまったとき、むしろ京都がそれに代わる機能を果たしているという点である。寛正の大飢饉のときも、経覚自身が

「諸国の者ども乞食になり京都へ上り集まる」と日記に書いていたように、地域社会の施しにあずかれなかった者たちは、その足で京都を目指していたことがうかがえる。まさに首都京都は「都市のなかの都市」として、列島各地の中小都市の有徳機能からもあぶれてしまった難民たちの受け皿として、その機能を果たしていたのである。

## 首都京都の習い

こうした京都の性格は、いつぐらいから認められるものなのだろうか。さかのぼって鎌倉時代、京都の非人を監督する長吏《ちょうり》たちは、西大寺《さいだいじ》流《りゅう》律宗《りっしゅう》をたばねる僧叡尊《えいぞん》に、つぎの一ヵ条を含む起《き》請文《しょうもん》（誓約書）を提出し帰依を申し出ている。

一、重病・非人等、京都の習い、他の方便《ほうべん》なきにより、上下町中において乞食をいたすのとき、諸人をして過言・詈辱《りじょく》いたすこと停止すべし。

（建治元年八月二三日　非人長吏連署起請文）

（ほかに生きるすべのない病人や非人が、京都の慣習として市内のあちこちで乞食をしていたとしても、配下の者たちに彼らを罵倒したり妨害を加えたりはさせません。）

これによれば、どうもこの起請文以前から、他所《よそ》から流れてきた難民が自由に物乞いをするのは文字通り「京都の習い」として許容されていたらしい。この起請文は、それをあらためて叡尊のまえで誓ったものといえる。つまり、経覚のいた古市などでは、いざとなると他所者は締め出されてしまっていたが、京都ではどこの者であろうと関係なく施しにあずかれるという不文律が存在したらしいのだ。実際、公武寺社を含めた多種多様な有徳人が集住する京都には現実にも富があふれており、古市で経覚が行ったような施行をこえる大規模な施行が期待できたということもあっただろう。そうした事情も含みこんで、大飢饉の最中にあって京都は、難民たちから「有徳空間」とでもよぶべき場とみなされていたのである。こうした特別な魅力が、追いつめられた人々を最後に京都に向わせた要因のひとつだったといえる。

## 高貴なる者の義務

ところで、有徳思想の基本である「持てるものが出す」という理念は、ヨーロッパの〞ノーブレス・オブリージュ（高貴なる者の義務）〟にも似て、なにかとても紳士的な薫りのする慈善思想のようにも思える。しかし、この時代の民衆のエネルギーは、決してそんな悠長なものではなかった。むしろ、施しをうける側はそれを当然の権利と考え、ときに有徳人は強制的に「徳」を示すことすら要求されたのである。たとえば播磨国矢野荘では、明徳五年（一三九四）三月、荘民たちは自分たちへの課役を減らすように守護に訴え、そのぶん、かわりに明済《めいさい》という荘園の代官に有徳銭（高所得者課税）をかけるようにと持ちかけている。自分たちの負担が増えるのはごめんだが、「持てるものが出す」のなら一向に構わない、というのが彼らの主張だったのだ。

こうした考え方は、今回の応永の大飢饉のような非常事態にはより顕著に見られるようになる。たとえば、醍醐寺では毎年二月に行われる修二会《しゅにえ》という仏事の費用を門前の郷民たちに負担させるのが通例となっていたが、大飢饉最中の応永二八年二月には、さすがに郷民たちから「郷民たちの困窮がはなはだしく、限度を超えているので、仏事を延期してほしい」（「地下計会すこぶる過法のあいだ延引すべきか」）という訴えが出されている。しかし、醍醐寺としては仏事を延期するのは「不快」なので、けっきょくこのときは寺内の有力者がかわりに一部を負担し、荘民たちは後日彼にそのぶんを返済するということで落着いている（『満済准后日記』応永三五年二月一日条）。

また、伏見荘では、応永二九年（一四二二）一〇月、台風で倒壊した貞成の御所を修理するため荘民に臨時の段銭《たんせん》（田の面積ごとにかかる税）を賦課しようとした。しかし、応永の大飢饉の傷跡も癒えない「地下損亡」のなかでの臨時課税に、このときも荘民は一同でこれに反対。けっきょく荘内の侍たちの提案で、このときの段銭も、かわりに荘内の二つの土倉に支払わせる、ということで決着をみている。おそらく、このときも荘民たちは後日、この二つの土倉に立替分を返済することになっていたのだろう。

いずれのケースも領主からの過重な賦課に対して、地域の有徳人が立替え能力を発揮し、ひとまず人々の窮地を救っていることが確認できる。しかも、それらはいずれも有徳人自身が名乗りをあげたというものではなく、課役を逃れようとする人々の口から提案されているという点が興味深い。有徳人たちのもっている資金は、こういうときにこそ活用すべきものなのだ、という考えが当時の人々のなかに根深く浸透していたことをうかがわせるエピソードである。

## 施行要求のエネルギー

さて、こうした発想をもっている人々が大飢饉のなかで京都に大挙して押し寄せてきたとしたら、そこでは、いったいどんなことが起きるだろうか。ご想像のとおり、京都に入った難民たちが有徳人に求める施行要求のエネルギーは並みのものではなかった。生存をかけた彼らの施行要求は、いきおい暴力的な傾向をおびることになる。

応永の大飢饉の翌年、応永二九年（一四二二）九月、五山《ござん》寺院の行った河原での施餓鬼《せがき》では、供物のおこぼれをめぐって勧進僧《かんじんそう》と河原者《かわらのもの》のあいだで大乱闘がおきてしまっている。このときは、勧進僧一〜二名が殺害されたうえ、大雨大風のなか施餓鬼の供物はあたりに散乱し、それを河原者が奪い合って、せっかくの施餓鬼はめちゃくちゃになってしまったという。まったくおなじことは、寛正の大飢饉のときにもおきている。そこでは、天龍寺の行った渡月橋《とげつきょう》での施行において、やはり庭掃《にわはき》と河原者のあいだで供物のおこぼれをめぐって紛争がおきており、彼らを統轄する善阿弥は、たまりかねて五山寺院をたばねる相国寺蔭凉軒《いんりようけん》に訴訟をもちこんでいる（『蔭凉軒日録』寛正二年四月一八日条）。

だいたい、この時代の人々は、食べ物にかぎらず、仏事や神事での下され物に異常な執着を見せるところがある。文明一四年（一四八二）の天龍寺の施餓鬼のおりには、やはり施餓鬼で使った「小幡《こばた》」を取り合って嵯峨の人々が喧嘩をおこしている。しかも、これを寺側が厳しく取り締まったところ、嵯峨の人々はこれを恨んで報復に乗り出し、寺内に乱入して寺僧一人を殺害し、さらにその首をみせしめに釈迦堂《しやかどう》（清凉寺《せいりようじ》）の門に晒《さら》してしまったのだという（『長興宿禰記《ながおきすくねき》』文明一四年七月一五日条）。これでは寺側は怖くておちおち施餓鬼もできない。

このほかにも、この頃には、洛南の伏見稲荷社《ふしみいなりしや》では二月の初午《はつうま》の日に懺摩《せんま》会を開くのを恒例としており、懺摩会終了後には、やはり仏前に供えた「花」が参列者に下されることになっていた。しかし、ここでも参列者は僧俗を問わず懺摩会終了と同時にその「花」を猛然と奪い合い、怪我人があとを絶たず、ときには刃傷沙汰にまで発展することがあった。そのため懺摩会を主催する東福寺側は頭を痛め、「花」を「一枝の松」に変えてみたりしたこともあった。ところが、そのときは他ならぬ寺内の僧たちが激怒し、集団で「鐘鼓」を鳴らして責任者をつるしあげにする事態になってしまった（『碧山日録』長禄三年二月五日・寛正六年二月一日条）。

たかが「小幡」や「花」ぐらいと思うなかれ。当時の人々は仏事・神事での下され物をこのうえなくありがたいものと考え、それを手に入れるためには死をも厭わなかったのである。ましてそれが飢餓状況下での食糧でもあったとしたらどうだろう。有徳思想が発揮される施行の空間には、とてつもない緊張が満ちていたのである。

## 盗賊たちの跋扈

話は少しそれるが、よく一一～一二世紀の説話文学を読んでいると、そこには多種多様でエネルギッシュな盗賊たちが現れる。そこで面白いのは、彼らは一様に「公達《きんだち》のおわしますぞ」とか「公達の入らせたまいたるぞ」と呼ばわって、みずからを「公達」（貴族の子弟）といっている点である。彼らは、ぜったいそんな風体ではないのに「公達」と称して、堂々と盗賊をはたらくのである。

ところが、そうした優雅な（?）盗賊とはべつに、この時代、みずからを乞食に擬する盗賊もしばしば現れた。『今昔物語集《こんじやくものがたりしゅう》』だけを見ても、巻二八の一五の逸話にでてくる海賊などは「乞食めが少しばかりの食糧を求めてまいりました」（「侘人《わびびと》の糧《かて》少し申さんがために参りたるなり」）といって海賊船を近づけてきたし、巻二三の二〇の逸話にでてくる盗賊は刀をちらつかせて、いまにも跳びかかろうという勢いでも、片膝をつき「わたくしは乞食でございます。寒さが厳しいので、そちらの衣をひとつふたつ頂戴いたしたく存じます」（「おのれは侘人に候。寒さ堪えがたく候えば、その奉《たてまつ》る御衣《おんぞ》を一つ二つ下し候わんと思いたまうるなり」）と恐ろしく慇懃《いんぎん》な物いいをしている。

これは室町時代もおなじことで、文安四年（一四四七）に洛中で禁裏《きんり》の女官が遭遇した「盗賊」は、二〇人ほどで女官の牛車《ぎっしゃ》を取り囲んで、「ひらに御小袖《おんこそで》を給《たま》うべし」と懇願して、車をつかんで離さなかったという（『康富記《やすとみき》』文安四年一二月二八日条）。彼らは腕力と数にものをいわせて強盗をはたらくのでもなければ、まして「公達」と称して小袖を「召し上げる」のでもない。ただ相手の有徳思想に訴えかけて、「ひらに」お恵みを乞うのである。とはいえ、もちろんその要求を拒めば何をされるかわからないのだから、これはやはり実態において恐喝であり、盗賊である。しかし、この時代、盗賊（掠奪）と乞食（施行要求）の境界は、じつに紙一重だったのである。有徳思想は、盗賊に一片の正当性すらあたえる思想であったのだ。

## 破天荒な中世人

こうした発想がさらにエスカレートするとどういうことになるか、容易に想像できよう。さかのぼって鎌倉時代の寛喜《かんぎ》の大飢饉（一二三一年）のとき、「京中・在地人等《ざいちにんら》」が「合力《ごうりょく》」して「富家《ふけ》」に乱入し、「飲食」したあげく数多の「銭米等」を無理やり借り出して「分け配り取る」という現象が見られた（『皇帝紀抄』寛喜三年五月二一日条）。一見、たんなる掠奪行為ともとれるが、あくまで「富家」

からの饗応や借用という形態をとっていることが注目される。これは単純な掠奪ではなく、彼らの主観においては有徳思想に則って救済を求める行為であったのだろう。もちろん、こうした中世人の破天荒な行動様式を近代的な価値観に基づいて指弾するのはたやすい。しかし、私などは、その背景に過酷な飢饉や富の不均衡という実態が横たわっていたことを考えたとき、むしろ、そこに中世民衆独特のたくましさやしたたかさを見たい気がする。彼らは政府から救済の手が差しのべられるのをただ待つだけの「社会的弱者」ではなかった。未曾有の大飢饉のなか、彼らはみずからの生存を賭けて能動的に有徳人に働きかけ、生き抜こうとしていたのである。

これと類似なのが、室町時代の徳政一揆である。応永の大飢饉の数年後におきた正長《しょうちょう》元年（一四二八）の「正長の徳政一揆」を最初にして、このあと室町時代には、徳政一揆が毎年のように京都の有徳人である土倉・酒屋を襲撃し、債務破棄と掠奪をくりひろげることになる。彼らも同じく有徳思想を逆手にとって、蓄財にふけるばかりで「徳」を発揮しない者たちに強制的に「徳」を発揮させようとしたのである。その意味で、明らかに室町時代の「徳政一揆」も、これまで見てきた当時の人々の強烈な施行要求行動の延長線上に展開されていたといえる。

首都をめざして死んでいった人々、首都にたどり着いて死んでいった人々――。この間、あまりに多くの人々の命が失われていった。しかし、「持てるものが出すべきだ」という素朴ながらも頑強な思想は、過酷な環境のなかで生き抜いてゆかねばならない人々に、ついに生き抜くためのひとつの闘争のかたちをあたえることになったのである。もう為政者の「徳政」など待つ必要などない、私たち自身が「徳政」を実現すればいいことなのだ。応永の大飢饉という体験を経ることで、室町人の風貌はまた一段と不敵で逞しいものへと磨きあげられていった。応永の大飢饉の歴史的意義は、ひとつにはここにあったというべきだろう。

## 危機の克服

京都に流れ込んだ人々のうち、どのくらいの人々が助かり、どのくらいの人々が命を落としていったのか、けっきょく正確なところはわからない。しかし、やがて応永二八年も六月を迎えると、悪夢のような一連の事態は、ようやく沈静化へと向かいはじめる。夏の終わりとともに疫病の猛威は去り、すでに季節は新しい実りの時期を迎えようとしていた。京郊の村々では、餓死者・病死者の追善供養も行われはじめていた。六月一五日（新暦七月二三日）には、そうした鎮魂行事の総決算として、幕府によって公的に「人民死亡追善のため」の禅宗寺院での大施餓鬼が企画されるにいたる。ここに応永の大飢饉はいちおうの終息を迎えることになる。読経《どきょう》の声が都を静かにつつむなか、人々はひとまず室町時代の「危機の年」を乗り越えることに成功したのである。

その後、大飢饉を乗り切って七年ほどが過ぎた応永三五年（一四二八）正月、本書の一方の主役であった足利義持は、あっけなく死の床につく。まだ四三歳という壮年だったが、数日前の入浴中に風呂のなかで爪で引っかいた傷からばい菌が入り、それが命とりになったらしい。嫡男義量はすでに三年前に死去しており、当時、義持には後継者がいなかった。そこで、医者もすでに匙《さじ》を投げたその枕頭で、護持僧である満済が後継者の指名を仰ぐことになった。このとき義持が「たとえ指名したとしても、大名たちが支持しなければ意味がない」（「たとい仰せ置かるるといえども、面々用い申さずば正体あるべからず」）といって後継指名を拒否し、最終的に後継者は彼の弟たちのなかから籤《くじ》引きで決めることになった、というエピソードはあまりにも有名である。ただ、彼から直接に遺言を聞き取ったはずの満済の日記には、そのへんの理由はかなり違って書かれている。それによれば、じつは義持は嫡男義量に先立たれた後、八幡宮の神前でさらに男子に恵まれるか否かという籤を密かに引いていたのだという。すると、そのときの八幡宮の籤では「なお男子に恵まれる」という結果になった。そのため、義持はいままでそれを信じて生きてきたのだという。つまり、後継指名を拒否した彼の真意は、諸大名の政治力への配慮などではなく、例によって、あくまでも神意への彼の篤い信仰にあったのだ。

しかし、後継指名を拒んでみたところで自分の余命があとわずかであることは、当の義持がいちばんよくわかっていた。臨終の二日前、彼はふたたび満済を枕頭によび、かたちどおりの祈禱を指示したあと、ゆっくり病身を起こして坐禅の姿勢をとった。「御所様は一向御工夫《ごくふう》ばかりにて御座あるべし」と満済が日記に書いたように、義持は自分に残されたあとわずかの時間をひたすら「御工夫」（坐禅修行）によって締めくくろうとしたのである。禅宗原理主義者の面目躍如《めんもくやくじょ》といったところだろうか。彼がこだわった、はた迷惑な「徳政」がはたして大飢饉を前にしていかほどの効果をもったのか、はなはだ疑問というほかないが、少なくとも彼個人の人生のなかでは、その姿勢は首尾一貫したものだったらしい。「四十三歳で死んでも不満はない」（「四十三にて御薨逝《ごこうせい》も不足なし」）。坐禅に入るまえに義持は満済にそう語ったという。

## 義持の死去

やがて義持の死後、弟義教が室町殿の座につき、四月に年号は「応永」から「正長」へと変わる。ついに三五年という異常な長さを誇った「応永」の時代は幕を閉じたのである。七月には、長く病床にあった称光《しょうこう》天皇（一四〇一～二八）も死去する。八月には、それを待っていたかのように京都を土一揆が襲う。「正長の徳政一揆」である。これは、後に「日本開白《かいびゃく》以来、土民蜂起これ初めなり」と称されたとおり、日本史上、民衆による最初の大規模蜂起であった。

それ以前、「徳政」は為政者が民衆に対して一方的に施す恩恵であり、民衆は「徳政」を受容する対象でしかなかった。「徳政」を民衆の側から求めたり、まして実力で「徳政」を実現するなどということは、およそ考えられないことだった。しかし、為政者の独占物であった「徳政」は、ここにきて民衆によって見事に読み替えられ、債務・売買の破棄と掠奪を公認する救済の思想として一人歩きをはじめたのである。その基礎には、それ以前から彼らのなかに存在していた有徳思想があったことは疑いない。それまで「徳政」という為政者側の政治観念と民衆のあいだの有徳思想という経済観念は、交わることなく別箇に存在し続けた。しかし、それらは有徳思想の側になかば強引に引き寄せられるかたちで、ついに一つのものとして統合をみたのである。以後、「徳政」一揆は良くも悪しくも乱世を生き抜く庶民の生存のための武器としての役割を果たすようになり、室町幕府はそれへの対処に力をすり減らしてゆくことになる。

凄惨過酷な応永の大飢饉の経験をくぐり抜け、歴史は確実に新たな段階《ステージ》へと進んでいったのである。

# 大飢饉のあとに――エピローグ

## 盆踊りの誕生

応永の大飢饉の最中、一方で一休や世阿弥は自己の思索を深め、それぞれの分野で新しい境地を切り拓いていった。一休については琵琶湖の湖面でカラスの鳴き声を聞いて悟りをえたし、世阿弥についてはこの時期の前後にとりつかれたように旺盛な執筆活動を展開している。応永の大飢饉が、いずれの人生のなかでも重要な画期となっていったことは、すでにプロローグで述べたとおりである。では、本書に登場した多くの無名の人々にとって、応永の大飢饉とは何だったのだろうか。最後に、そのことを考えて、本書の締めくくりとしよう。

あれほど人々を恐れさせていた疫病もようやく沈静化を見せはじめていた応永二八年五月一八日（新暦六月二七日）の夜、かの伏見荘では即成院《そくじょういん》という寺庵で一荘をあげての百《ひゃく》万遍念仏《まんべんねんぶつ》が開かれていた。百万遍念仏とは、死者供養や病気祈禱などを目的に「南無阿弥《なむあみ》陀仏《だぶつ》」の名号を一〇〇万回唱える仏事で、この場合は参加者が唱える名号の合計が一〇〇万回になることをめざした融通念仏《ゆうずうねんぶつ》だったと思われる。当然ながら一〇〇万回分の念仏衆を揃えなければならないので、これはかなり大勢の参加者を募った大規模な仏事となる。とくに、貞成によれば、この百万遍念仏は「この間、荘民たちが多く死去したり、生きている者は疫病を患っているので、死者に対する供養と、生者に対する祈禱の目的で行われているらしい」(「これ地下人多く死去、あるいは病悩のあいだ、過去追善・現在祈禱と云々」)ということだった。つまり、明らかに応永の大飢饉の惨禍をうけてはじまったのが、この百万遍念仏だったのだ。

この頃、ちょうど伏見荘では荘内の村々でも百万遍念仏が大流行していた。この即成院の百万遍念仏はそうした村人たちのあいだで自生的《じせい》に行われていた大飢饉の犠牲者供養の百万遍念仏の集大成としての意味をもっており、領主である貞成の意志とはなんら関係なくはじめられたものだったのである。この一大イベントに荘内の人々はこぞって参加し、このとき念仏に加わった人々は二〇〇人以上にのぼったとされる。

このあと百万遍念仏は、六月・七月・八月と毎月不断に開催され、そのたびに「大勢群集」といわれるほどの参加者を集めていたらしい。八月には、ついに貞成自身も念仏聴聞に出かけている。しかし、大飢饉の惨禍からようやく抜け出した、この八月をもって百万遍念仏はひとまず終焉を迎える。

　ところが、翌応永二九年（一四二二）になると、即成院では毎月一六日の月次念仏《つきなみねんぶつ》というかたちで引き続き念仏が行われるようになってゆく。この月次念仏にも毎月、男女三〜四〇〇人の参加者があったらしく、多くの荘民の支持を集めていたことがわかる。領主貞成も、この月次念仏の費用として即成院に土地一段を寄進しているほどである。死者供養と病気祈禱という目的で開始された百万遍念仏は、その所期の目的を果たし飢饉と疫病が鎮まると、つぎには応永の大飢饉での犠牲者の追善供養と死者鎮魂を目的とした月次念仏へと姿を変えていったのである。この月次念仏は荘内行事として恒例化し、その後、数年間は続けられたらしい。

　やがて大飢饉から一〇年が過ぎた永享三年（一四三一）、こんどは月次念仏にかわり即成院では毎年盂蘭盆《うらぼん》の七月一五・一六日に念仏躍《ねんぶつおど》りが行われるようになっていた。百万遍念仏から月次念仏へと姿を変えた応永の大飢饉の犠牲者鎮魂のイベントは、最後にはお盆の念仏躍りへとその姿を変えていったわけである。この即成院の念仏躍りも荘民たちの強い支持を得たもので、困窮を理由に村々の念仏躍りが中止されても即成院の念仏躍りだけは行われていた。この中世の念仏躍りが、いまも日本各地で行われている盆踊りの元祖であるというのはよく知られているところだろう。瀬田勝哉氏は、この百万遍念仏→月次念仏→念仏躍りという伏見荘での鎮魂行事の変化を、「百万遍という数の力に頼った緊急の臨時的なものから、月次の定期的なものへ、そしてこの国の伝統的な盆行事へと収斂していった」と的確に評価している。『看聞日記』では、この念仏躍りに「踊り」ではなく「躍り」もしくは「跳り」という文字が当てられていることにも注意したい。このときの念仏躍りは、現在の盆踊りのようなスローテンポではなく、これらの文字が示すとおり飛んだり跳ねたりという激しく躍動的な動作をともなうものだったのだろう。それは、大飢饉のなかで鬱屈を余儀なくされた中世の人々の心の解放をあらわしていたのかもしれない。

### 大飢饉は何をもたらしたか

この伏見荘の例にかぎらず、大飢饉を契機にして村の年中行事がはじまるということは、決して珍しいことではなかったようだ。たとえば、戦国時代の文亀《ぶんき》元年（一五〇一）、前関白の九条政基《くじょうまさもと》は、自分の荘園である和泉国日根野《ひねの》荘（大阪府泉佐野《いずみさの》市）に下向して、四年間、荘民たちと生活をともにしている。そのとき彼が書き記した滞在記録『政基公旅引付《まさもとこうたびひきつけ》』には、当時の荘民たちの実生活が『看聞日記』にも負けない筆致でいきいきと描かれているが、そのなかに入山田《いりやまだ》四ヵ村の風流踊《ふりゅうおど》りの記述がある。それによれば、入山田では毎年八月に鎮守の滝宮《たきみや》（火走《ひばしり》神社）で「雨喜びの風流」が行われていたという。それは入山田を上二ヵ村（菖蒲・船淵）

と下二ヵ村（土丸・大木）に分けて、それぞれ「絹の旗」と「紺の旗」をシンボルにして、風流（仮装行列）を競うというもので、その華麗さは政基をして「風流種々興《きょう》を尽くす」といわしめるほどのものだった。

一見すると、この祭り、村人たちの無聊《ぶりょう》を癒す夏祭りとして、中世の村によくある年中行事の一つという気がする。しかし、政基は文亀元年八月の日記のなかで、この祭りが「三十七年」前から行われているもので、「雨喜びの風流」の名前のとおり、そもそもは旱魃のときに雨乞いを行い、雨が降ったために、行われるようになったものだ（「大干のとき雨乞いし、雨降るの後、この作法、恒規なり」）と記している。文亀元年の「三十七年」前は寛正五年（一四六四）。じつは、この年は「当年八事の外、日照り候」といわれる旱魃の年だったのである。その年の旱魃の深刻さは、このときに「天下飢饉」を理由にして年号が寛正から文正に替えられたことからもうかがうことができる。つまりは、この日根野荘の風流踊りも、伏見荘の念仏躍り同様、飢饉からの復興をきっかけにはじまったものだったのである。

しかも、この風流踊りでは、上二ヵ村が「絹の旗」、下二ヵ村が「紺の旗」、というようように、参加する村々がそれぞれの「村の旗」をシンボルにしていたというのもユニークだ。この祭りは、こうした村々を単位として、その結束のもとに行われていた。たしかに飢饉や旱魃は彼らにとって悲惨な経験だったが、その後、そこから立ち直る過程で、ここでも彼らは村としての結束を強め、旱魃下での雨乞いを、その後も長く続く地域の年中行事へと昇華させていったのである。

こうした事例は、史料にこそ残らないが、きっと同時代の他の地域にも多く見られたと考えて、まずまちがいないだろう。たとえば私の知るかぎりでも、現在も岐阜県岐阜市の葛懸《かつらがけ》神社で毎年一二月の第二土曜日に行われている「池ノ上みそぎ祭り」は、応永の大飢饉の年にはじまったという伝承がある。「池ノ上裸祭り」ともよばれる、この祭りは、はちまきにふんどし姿の男たちが冬の冷たい長良《ながら》川に入って無病息災《むびようそくさい》を祈る奇祭として知られている。その伝承を信じるならば、おそらく、その起源も応永の大飢饉での旱魃下での雨乞いにあったのではないだろうか。

また、三重県伊勢市で、保存会の方たちのご努力によって近年復興された「櫂我節《かいわらぶし》」とよばれる民謡も、寛正の大飢饉のときに飢餓にあえいだ若者たちが外洋のマグロ漁に乗り出し、村の飢餓を救った故事をもとにして始められたと伝えられている。これらの地域の人々にとって、室町時代の大飢饉は決して遠い昔の歴史上の出来事ではなく、いまも地域の歴史の重要な画期として生々しく記憶されているのである。このことの意味はきわめて大きいといわねばならない。

応永の大飢饉という経験は、室町時代を生きた人々に塗炭《とたん》の苦しみを味あわせただけでなく、その後もなかなか癒えない深い傷を残した。しかし、プロローグで紹介したように、応永の大飢饉は歴史に破壊だけをもたらしたわけではなく、一休や世阿弥といった同時代の思想家たちにも深い思索の機会をあたえることになった。ここで、あえてそのほかにも大飢饉がその後の日本社会に残した果実を探そうとするならば、それはまちがいなく、こうした村々の結束をうながし、いまにも続くような地域の伝統的な年中行事を生み出したという点をあげるべきだろう。

## 日本文化の基層

室町時代という時代は、その後の日本の伝統社会をかたちづくるような〝村〟や〝町〟が歴史上、初めて明確に姿を現すようになった時代としても高く評価されている。そうした〝村〟や〝町〟は、高度経済成長期（一九六〇年代）までは列島のそこかしこにふつうに見られ、そこで行われていた盆踊りや秋祭り、寄合いの習俗などは、中世や近世・近代という歴史区分を超えて、ながく日本社会の基層文化をかたちづくっていった。為政者の「徳政」がその後の歴史になにも生み出さなかったのとは対照的に、村々の鎮魂行事は五〇〇年以上も語り継がれ、日本文化の基層となっていったのである。大飢饉という悲劇を経験した村々は、それを契機に、これまで以上に強くたくましいものに変貌していった。以後の日本列島の歴史は、もはや荘園制などというかたちではなく、こうした経験を踏まえて成長していった〝村〟や〝町〟を基礎単位として展開してゆくことになる。

なかでも、地域の祭礼維持と災害に備えた相互扶助は、その後も〝村〟や〝町〟が担う重要機能とされてゆく。しかし、現在、そうした〝村〟や〝町〟といった共同体は各地で崩壊の危機に瀕している。それはそれで農業や流通の構造変化の結果として仕方のない部分もあるだろう。ただ、振り返ってみたとき、それらがこれまでの歴史のなかで担ってきた機能を代替するものを私たちの社会は、はたして持っているのだろうか。大型スーパーやショッピングモールが、鎮守の森の秋祭りや消防団の夜まわりを担ってゆけるとはとても思えない。一見、発達しているように見えながら、じつは精神性や地域の危機管理という面で私たちの社会は脆弱なものになっているのではないか。これが、五〇〇年前の「危機」の歴史を振り返った私の偽らざる感想である。

# あとがき

中世史を勉強していると、つくづく思うのだが、現代社会と比較したとき、中世社会の最大の特徴は「暴力」と「飢え」と「信仰」の三点にあるような気がする。この三点のうち、とくに前二者については、いずれも現代ではマイナスの価値があたえられ、「飢え」についてはすでにそれを想像するのが困難なほどにまで克服され、「暴力」についても表向きは社会のなかから巧妙に除去されているかにみえる。しかし、残念ながら中世社会では、それらがまだそこかしこに平然と存在し、むしろ社会自体が「暴力」や「飢え」をその構造に組み込むことで成り立っていたのである。だから、中世という時代を研究することの課題のひとつは、こうした「暴力」や「飢え」が当時の社会のなかでどのような意味をもっていたかを具体的に明らかにすることだと思うし、今後もこれらの問題には自分なりにこだわってみたいと思っている。

さいわい、このうち「暴力」に関する問題については、二〇〇六年に『喧嘩両成敗の誕生』（講談社選書メチエ）という一般向けの本のかたちで、現時点での考えをまとめることができた。本書では、もう一方の「飢え」の問題について、やはり一般向けに自分なりの考えをまとめてみたつもりである。前著が「法」に関する問題に取り組んだのに対して、こんどは「経済」に関する問題に取り組んでみたともいえる。ただ取り組んでみると、「飢え」の問題は「暴力」の問題以上に難解で、どこまで中世社会の実態に迫ることができたか、我ながら心もとない。いたらない部分については、今後の勉強で補ってゆきたいと思う。

しかし、そんな難解な問題であるにもかかわらず、一般向けの読み物としてまとめてみようという不遜なことを思いついた背景には、前著を読んだ方々からの思わぬ反応があった。これから先、もう自分は一般向けの本など書くことはないだろうという思いで書き下ろした前著であったが、ありがたいことに想像以上の方々から嬉しい反響をいただくことができた。それを真に受けて、もう一冊書いてしまったわけであるが、ともかくもご声援をいただいた皆様には厚く感謝申し上げたい。

それから、前著刊行時、私には定職がなく、東京杉並の女子美術大学付属高等学校で日本史の非常勤講師をしていた。このとき私の授業を受けていた生徒さんたちが、私の知らない間に先を争ってお小遣いで前著を購入してくれて、「読みやすくて面白かった。先生はもっと他に私たちが読めるような本は書かないんですか？」といってくれたのは、半分以上お世辞だとは思うが、とりわけ嬉しい想い出である。ただ、その直後、慌しく現在の職場に就職してしまい、十分なお礼をいえずにいるのが、いまも心苦しい。風変わりな授業で、しかもたった一年間しか教壇に立っていないのに、熱烈なご声援を寄せてくれた当時高校二年生であった皆さん、そしてそんな素敵な仕事をご紹介いただいた野村育世さんに、遅まきながら、この場を借りて心からお礼申し上げたい。そして、もちろんこんどの拙著を世に出してくれた吉川弘文館の皆様にも、なによりも深く感謝の気持ちを申し上げたい。

これからも専門研究は不器用なりに取り組んでゆくつもりだが、一方で高校生にも届くことばで自らの研究内容や情熱を語ることも大事にしてゆきたいと思う。さしあたっては、残る「信仰」の問題について自分なりの答えを探してみたい。機会があれば、またどこかでお会いしましょう！

二〇〇八年三月三十日

清水克行

# 参考文献

## 全体を通して

藤木久志編『日本中世気象災害史年表稿』高志書院、二〇〇七年
水越允治編『古記録による15世紀の天候記録』東京堂出版、二〇〇六年
桜井英治『室町人の精神（日本の歴史12）』講談社、二〇〇一年

## 謎の異国船襲来

中村栄孝『日鮮関係史の研究　上』吉川弘文館、一九六五年
海津一朗『神風と悪党の世紀』講談社現代新書、一九九五年
村井章介『アジアのなかの中世日本』校倉書房、一九八八年
宋希璟（村井章介校注）『老松堂日本行録（第三刷）』岩波文庫、二〇〇〇年
天野文雄「《白楽天》と応永の外寇」同『世阿弥がいた場所』ぺりかん社、二〇〇七年
瀬田勝哉「伊勢の神をめぐる病と信仰」同『洛中洛外の群像』平凡社、一九九四年

## 室町人の〝死〟と〝生〟

田村憲美「中世における在地社会と天候」同『在地論の射程』校倉書房、二〇〇一年

原田信男「中世の気候変動と災害・飢饉」『東北学』八、二〇〇三年
笠松宏至「八大事」同『中世人との対話』東京大学出版会、一九九七年
高橋梵仙『日本人口史之研究　第二』日本学術振興会、一九七一年
板倉聖宣「行基が伝えた日本の人口と地図」『仮説実験授業研究』第三期第九集、二〇〇〇年
久留島典子「外国史料に見る女性」総合女性史研究会編『史料にみる日本女性のあゆみ』吉川弘文館、二〇〇〇年
三浦圭一「下剋上の時代の一側面」同『中世民衆生活史の研究』思文閣出版、一九八一年

## なぜ巨大飢饉は起きたのか？

国立天文台編『平成一九年度版　理科年表』三省堂書店、二〇〇六年
高橋一樹編「室町期荘園制の研究」『国立歴史民俗博物館研究報告』一〇四集、二〇〇三年
黒田弘子「百姓の注文を読む」『〈中央大学〉経済学論纂』三五―四、一九九四年
榎原雅治「中世後期の地域社会と村落祭祀」同『日本中世地域社会の構造』校倉書房、二〇〇〇年
百瀬今朝雄「室町時代における米価表」『史学雑誌』六六―一、一九五七年
清水克行「荘園制と室町社会」『歴史学研究』七九四、二〇〇四年
高橋慎一朗「室町期の都市京都における長夫勤仕の実態」義江彰夫編『古代中世の政治と権力』吉川弘文館、二〇〇六年
伊藤啓介「割符のしくみと為替・流通・金融」『史林』八九―三、二〇〇六年

**足利義持の「徳政」**

佐藤進一『増補　花押を読む』平凡社ライブラリー、二〇〇〇年
玉村竹二「足利義持の禅宗信仰に就て」同『日本禅宗史論集　下之二』思文閣出版、一九八一年
清水克行「足利義持の禁酒令について」同『室町社会の騒擾と秩序』吉川弘文館、二〇〇四年
笠松宏至「中世の政治社会思想」同『日本中世法史論』東京大学出版会、一九七九年
榎原雅治「室町殿の徳政について」『国立歴史民俗博物館研究報告』一三〇集、二〇〇六年
保立道久「酒と徳政」『月刊百科』三〇〇、一九八七年
酒井紀美『夢から探る中世』角川選書、二〇〇五年

**荘園と町の飢饉習俗**

宝月圭吾『中世灌漑史の研究』畝傍書房、一九四三年

**難民は首都をめざす**

田村憲美「死亡の季節性からみた中世社会」同『日本中世村落形成史の研究』校倉書房、一九九四年
西尾和美「室町中期京都における飢饉と民衆」『日本史研究』二七五、一九八五年
久水俊和「室町期即位礼用途の支出構造」『ヒストリア』二〇六、二〇〇七年
東島　誠「前近代京都における公共負担構造の転換」『歴史学研究』六四九、一九九三年
藤木久志「応仁の乱の底流に生きる」同『飢餓と戦争の戦国を行く』朝日選書、二〇〇一年

鋤柄俊夫「土器と陶磁器にみる中世京都文化」京都文化博物館図録『京都・激動の中世』一九九六年
瀬田勝哉「五条天神と祇園社」同『洛中洛外の群像』平凡社、一九九四年
桜井英治「中世の経済思想」同『日本中世の経済構造』岩波書店、一九九六年
清水克行「日本中世の富裕者の責務」『別冊環⑦税とは何か』藤原書店、二〇〇三年
百瀬今朝雄・百瀬美津『勧学院の雀』岩波書店、二〇〇二年
清水克行「正長の徳政一揆と山門・北野社相論」同『室町社会の騒擾と秩序』吉川弘文館、二〇〇四年

## エピローグ

瀬田勝哉「伏見即成院の中世」『武蔵大学人文学会雑誌』三六―三、二〇〇五年
勝俣鎮夫「戦国時代の村落」同『戦国時代論』岩波書店、一九九六年

## 著者紹介

一九七一年、東京都に生まれる
一九九四年、立教大学文学部卒業
二〇〇二年、早稲田大学大学院文学研究科博士後期課程単位取得退学
現在、明治大学商学部教授・博士(文学)

主要著書
室町社会の騒擾と秩序　喧嘩両成敗の誕生
日本神判史　戦国大名と分国法　足利尊氏と関東

歴史文化ライブラリー
258

---

# 大飢饉、室町社会を襲う!

二〇〇八年(平成二十)七月一日　第一刷発行
二〇二五年(令和七)四月一日　第五刷発行

著者　清《し》水《みず》克《かつ》行《ゆき》
発行者　吉川道郎
発行所　株式会社 吉川弘文館
東京都文京区本郷七丁目二番八号
郵便番号一一三—〇〇三三
電話〇三—三八一三—九一五一〈代表〉
振替口座〇〇一〇〇—五—二四四
https://www.yoshikawa-k.co.jp/
印刷＝株式会社 平文社
製本＝ナショナル製本協同組合
装幀＝清水良洋・長谷川有香


ISBN978-4-642-05658-8

歴史文化ライブラリー

1996.10

## 刊行のことば

現今の日本および国際社会は、さまざまな面で大変動の時代を迎えておりますが、近づきつつある二十一世紀は人類史の到達点として、物質的な繁栄のみならず文化や自然・社会環境を謳歌できる平和な社会でなければなりません。しかしながら高度成長・技術革新にともなう急激な変貌は「自己本位な刹那主義」の風潮を生みだし、先人が築いてきた歴史や文化に学ぶ余裕もなく、いまだ明るい人類の将来が展望できていないようにも見えます。このような状況を踏まえ、よりよい二十一世紀社会を築くために、人類誕生から現在に至る「人類の遺産・教訓」としてのあらゆる分野の歴史と文化を「歴史文化ライブラリー」として刊行することといたしました。

小社は、安政四年（一八五七）の創業以来、一貫して歴史学を中心とした専門出版社として書籍を刊行しつづけてまいりました。その経験を生かし、学問成果にもとづいた本叢書を刊行し社会的要請に応えて行きたいと考えております。

現代は、マスメディアが発達した高度情報化社会といわれますが、私どもはあくまでも活字を主体とした出版こそ、ものの本質を考える基礎と信じ、本叢書をとおして社会に訴えてまいりたいと思います。これから生まれでる一冊一冊が、それぞれの読者を知的冒険の旅へと誘い、希望に満ちた人類の未来を構築する糧となれば幸いです。

吉川弘文館